남명의 산문선

이 책은 2005년도 경상남도 지원금에 의해 개발되었음.

경상대학교 남명학연구소
남명학교양총서 04

남명의 산문선
南冥 散文選

허권수 許捲洙 지음

景仁文化社

남명의 산문선을 내면서

우리 남명학연구소에서는 1995년 『남명집南冥集』을 완역하여 세상에 내 놓아 학계로부터 호평을 받았다. 그 뒤 2001년 남명선생 탄신 500주년을 맞이하여 다시 수정보완한 『남명집』을 내놓았다.

그러나 남명의 시문을 다 수록한 이 『남명집』은, 내용이 어렵고, 또 분량이 적지 않기 때문에, 이번에 그 가운데서 산문 작품 22편을 골라 『남명산문선』이란 이름을 붙여 내놓는다. 좀더 쉽게 문맥이 잘 통하게 하기 위하여 문장에 상당한 손질을 가하였다. 그래도 원문이 워낙 난삽하기 때문에 그렇게 쉽게 이해되기는 어려울 것이다.

남명은 조선시대를 대표하는 대학자이지만, 젊은 시절에는 문장에도 상당히 정력을 쏟았다. 처음에는 『춘추좌씨전春秋左氏傳』과 유종원柳宗元의 문장을 좋아하였다. 그러다가 25세 때 『성리대전性理大全』을 읽다가, "이윤伊尹의 뜻을 뜻으로 삼고, 안자顏子의 학문을 학문으로 삼아, 벼슬에 나가서는 경륜經綸을 펴서 업적을 이루고 초야에 있으면서는 지조를 지켜야 한다. 대장부라면 마땅히 이와 같이 해야 한다. 벼슬에 나가서는 아무 하는 일도 없고 초야에 있으면서는 아무런 지조도 지키지 않는다면, 뜻을 세우고 학문을 닦아 장차 무엇 하겠는가?"라는 노재魯齋 허형許衡의 말을 만나고부터는, 위기지학爲己之學으로 학문의 방향을 전환하였다. 이때부터 문장에는 별로 치중하지 않은 것 같다. 문장 공부보다 훨씬 더 중요한 성현의 학문이 있었기 때문이었다.

남명은 스스로 자신의 문장을 퇴계退溪의 문장과 비교하여 이런 말을 남겼다. "퇴계의 문장은 지금 세상에서 쓰이는 문장이지만 성취된 것이다. 비유하자면 나는 비단을 찌려다가 한 필을 이루지 못한 것이니, 세상에 쓰이기에 곤란하고, 퇴계는 명주를 짜서 한 필을 이루었으니 세상에 쓰일 만 하다".

고문古文을 배워 대단한 문장을 남기려는 포부를 갖고 노력했지만, 자기 마음에 흡족한 경지에까지는 도달하지 못했다는 의미이다.

기묘사화己卯士禍를 일으킨 원흉이지만, 문장을 잘 알아보기로 이름난 남곤南袞이 나중에 남명이 지은 남명 부친의 묘갈명을 읽고서 놀라 탄복하기를, "문장은 고문古文의 법도에 맞고, 그 의리는 정자程子 집안의 조상들 전기傳記 쓰는 방식이다. 원망하는 듯하면서도 어지럽지 않으니 세상에 흔하지 않은 문장이로다"라고 했다. 남명의 문장의 수준이 어느 정도인지 짐작하게 하는 글이다.

오늘날 『남명집南冥集』에 실려 있는 남명의 문장은 모두 98편에 불과하다. 남명의 학문은 실천을 위주로 하였지 지식이나 저술을 위주로 하지 않았기 때문이다. 이 문장들은 매우 간결하면서도 난삽難澁하여 여느 문인·학자들의 것과는 다른 면모를 보여 준다. 남명의 문장은 그의 사상을 최대한 압축시켜 나타냈으므로, 음미하면 음미할수록 그 속에 무궁무진한 의미가 함축되어 있다는 것을 느낄 수가 있다.

이 책에서는 남명의 문장 가운데서 내용상 오늘날에 교훈을 줄 수 있

으면서 그렇게 어렵지 않을 것을 위주로 뽑았다. 한편 한편 찬찬히 읽어나
간다면, 남명이라는 인물의 사람됨과 그 학문 사상을 알 수 있을 것이다.

오늘날 우리나라는 서구와 일본 문물이 무분별하게 쏟아져 들어와 우
리 문화의 정체성正體性을 많이 파괴하였다. 그리고 윤리도덕이 파괴되어
각종 범죄가 끊이지 않고 질서가 문란하다. 이런 때에 우리들에게 정신적
인 치료약이 될 수 있는 남명의 말씀을 듣고 이를 실천에 옮기는 사람이
많았으면, 좋겠다.

2006년 입춘절에

許 捲 洙 敬識

목차　*contents*

contents 　목차

부 賦

민암부　民巖賦[1]

유월 어름 장마철에,	六月之交,
염예퇴瀲澦堆[2] 물살 말처럼 빨라,	瀲澦如馬.
올라갈 수도 없고,	不可上也,
내려갈 수도 없구나.	不可下也.
아아!	吁嘻哉!

1) 민암부民巖賦 : 민암民巖은 '백성은 나라를 엎을 수도 있는 위험한 존재'라는 말이다. 이 글은, 통치자인 임금은 백성을 사랑하여 편안히 살도록 해야 하는데, 그렇지 않으면 백성이 나라를 엎을 수도 있다는 것을 경계하는 내용이다. 『서경書經』「소고召誥」에, "백성의 마음이 험준함을 돌아보아 두려워하소서[顧畏于民碞]"라는 말이 있다. 「민암부」의 '암巖'자가 판본에 따라 '암嵓', '암碞'으로 되어있고, 『서경』에는 '암碞'으로 되어 있으나, 다 '암巖'과 같은 뜻이다.
2) 염예퇴瀲澦堆 : 중국의 사천성四川省을 흐르는 양자강揚子江의 구당협瞿塘峽 어구에 있는 거대한 바위인데 모양이 말처럼 생겼다. 이 바위 주변은 맹렬하게 소용돌이치는 물결 때문에 배가 지나가기가 매우 위험한 곳이다. 이 바위에 새겨져 있는 '대아래(對我來 : 나를 마주 보고 오라)'라는 글자의 뜻에 따라 글자를 똑바로 보고 배를 저어가면 무사히 지나갈 수 있으나, 이 바위를 피하여 가려고 하면 급한 소용돌이에 휘말려 배가 전복된다고 한다. 중공 정부 수립 이후 선박 왕래에 장애가 된다고 해서 폭파해 버렸다.

이보다 더 험한 데는 없으리니,　　　　險莫過焉.
배가 이로 인해 가기도 하고,　　　　舟以是行,
또한 이 때문에 뒤집히기도 하네.　　　亦以是覆.
백성은 물과 같다는 말은,　　　　民猶水也,
예로부터 있어 왔나니,3)　　　　古有說也.
백성은 임금을 받들기도 하지만,　　民則戴君,
백성은 나라를 엎어버리기도 한다.　　民則覆國.
진실로 아나니, 물은 눈으로 볼 수 있는 것,　吾固知可見者水也,
험함이 밖으로 나타나 가까이하기 어렵다네.　險在外者難狎.
눈으로 볼 수 없는 것은 사람의 마음이니,　所不可見者心也,
험함이 안에 감추어져 있어 깔보기 쉽다네.　險在內者易褻.
걸어다니기에 평지보다 더 평탄한 곳이 없지만,　履莫夷於平地,
맨발로 다니면서 살피지 않다가는 발을 다치고,　跣不視而傷足.
거처함이 이부자리보다 더 편안한 곳이 없지만,　處莫安於裀席,
바늘을 겁내지 않다가는 눈을 다친다네.　尖不畏而觸目.
재앙은 실로 소홀히 하는 데서 생기나니,　禍實由於所忽,
험함이 골짜기에만 있는 것은 아니라네.　巖不作於谿谷.
원한 품은 독한 마음도 속에 있을 적엔,　怨毒在中,
한 사람의 생각이라 몹시 미세하다네.　一念甚銳.
평범한 아낙네가 하늘에 호소할 경우,　匹婦呼天,

---

3) 예로부터 … 왔나니 : 『순자荀子』「왕제王制」에 "임금은 배이고 서민은 물이다.
　　물은 배를 띄우기도 하고 배를 뒤집기도 한다[君者舟也 庶人者水也 水則載舟 水
　　則覆舟]"라는 구절이 있고, 『서경書經』「소고召誥」 '王不敢後 用顧畏于民嵒'의
　　세주細註에, "소씨蘇氏가, '백성은 물과 같다. 물은 배를 실을 수도 있지만 또
　　한 배를 엎을 수도 있다. 세상에는 백성보다 더 험한 것은 없다[蘇氏曰 民猶水
　　也 水能載舟 亦能覆舟 物無險於民者矣]'라고 하였다"라는 구절이 있다.

남명의 산문선

한 사람일 때는 매우 보잘 것 없다네.　　　　　一人甚細.
그러나 저 하늘의 밝은 감응은 다른 데 있지 않나니,　　然昭格之無他,
하늘의 보고 들으심이 바로 이 백성에게 있다네.4)　天視聽之在此.
하늘은 백성이 원하는 것을 반드시 따르나니,　　　民所欲而必從,
실로 부모가 자식에 대해서 하는 것과 같다네.　　　寔父母之於子.
한 사람의 원한, 한 아낙의 하소연, 처음엔 하찮지만,　始雖微於一念一婦,
끝내 거룩하신 하느님께 대신 갚아주기를 바라니,　終責報於皇皇上帝.
그 누가 감히 우리 하느님을 대적하리?　　　　　其誰敢敵我上帝
실로 하늘이 내린 험함은 건너기가 어렵도다.　　　實天險之難濟.
하늘이 오랫동안 험함을 설치해 두었는데도,　　　亘萬古而設險,
얼마나 많은 제왕들이 이를 예사로 보았던고?　　　幾帝王之泄泄.
걸桀·주紂는 탕湯·무武에게 망한 것이 아니라,　　桀紂非亡於湯武,
바로 백성들 마음을 얻지 못했기 때문이었다네.　　乃不得於丘民.
한漢의 유방劉邦은 보잘 것 없는 백성이었고,　　漢劉季爲小民,
진秦의 호해胡亥는 위대한 임금이었는데도,　　　秦二世爲大君.
유방이 평범한 사내로서 황제 자리 차지했다네.　　以匹夫而易萬乘,
이렇게 큰 권한은 어디에 있는 것인가?　　　　　是大權之何在?
다만 우리 백성들의 손에 달려 있다니,　　　　　只在乎吾民之手兮,
겁내지 않아도 될 것 같지만 몹시 겁낼 만한 것이라네.　不可畏者甚可畏也.
아아, 촉산蜀山5)의 험함이,　　　　　　　　　嘻噓哉! 蜀山之險,
어찌 임금을 넘어뜨리고 나라를 엎을 수 있으리오?　安得以債君覆國也哉?

---

4) 하늘의 … 있다네 : 『맹자孟子』「만장萬章」에, "하늘의 보심은 우리 백성이 보
　는 것을 따르고, 하늘의 들으심은 우리 백성이 듣는 것을 따른다［天視自我民視
　天聽自我民聽］"라고 하였다.
5) 촉산蜀山 : 중국 사천四川 지방의 험한 산악을 가리킨다. 이 산의 험악함을 이
　백李白이 「촉도난蜀道難」으로 표현한 바 있다.

그 험함의 근원을 찾아보면,　　　　　　　究厥巖之所自,

진실로 임금 한 사람에게서 벗어나지 않는다.　　亶不外乎一人.

한 사람의 불량함에 말미암아,　　　　　　　由一人之不良,

여기서 위험이 가장 크게 된다네.6)　　　　　危於是而甲仍.

궁실宮室이 넓고 큼은,　　　　　　　　　　宮室廣大,

험함의 시작이요.　　　　　　　　　　　　巖之興也.

여알女謁7)이 성행함은,　　　　　　　　　　女謁盛行,

험함의 한 단계 한 단계 쌓이는 것.　　　　　巖之階也.

세금을 끝없이 거두어들임은,　　　　　　　稅斂無藝,

험함을 쌓음이요,　　　　　　　　　　　　巖之積也.

도에 넘치는 사치는,　　　　　　　　　　　奢侈無度,

험함을 일으켜 세움이요,　　　　　　　　　巖之立也.

백성을 착취하는 자가 자리 차지함은,　　　　掊克在位,

험함으로 치닫는 길이요.　　　　　　　　　巖之道也.

형벌刑罰을 자행恣行함은,　　　　　　　　　刑戮恣行,

험함을 돌이킬 수 없게 함이다.　　　　　　巖之固也.

비록 암험함이 백성에게 있다지만,　　　　　縱厥巖之在民,

어찌 임금의 덕에서 말미암지 않겠는가?　　何莫由於君德.

물은 하해河海보다 더 큰 것이 없지만,　　　水莫險於河海,

큰 바람이 아니면 고요하고,　　　　　　　非大風則妥帖.

험함이 민심보다 더 위태로운 것이 없지만,　險莫危於民心,

---

6) 가장 … 된다네 : 원문의 '잉仍'자는 후대의 판본에 '인因'자로 되어있는데, 뜻
　은 서로 같고 '인因'으로 해야 운韻이 맞으므로 고친 듯하다. '갑잉甲仍'은 '가
　장 큰 원인'이라는 뜻이다.

7) 여알女謁 : 임금의 총애를 틈 타 비빈妃嬪이나 궁녀宮女가 정치에 참여하는
　것을 말한다.

남명의 산문선

포악한 임금이 아니면 다 같은 동포인 걸.   非暴君則同胞.
동포를 원수로 생각하는데,   以同胞爲敵讐,
누가 그렇게 하도록 하였는가?   庸誰使而然乎.
남산南山이 저렇듯 우뚝하지만,   南山節節,
돌이 험하게 붙어 있고,8)   維石巖巖.
태산이 저렇듯 험준하지만,   泰山巖巖,
노魯나라 사람들이 우러러 본다.9)   魯邦所瞻.
그 험함은 마찬가지로되,   其巖一也,
편안하게하고 위태롭게 하는 건 다르도다.   安危則異.
자신으로 말미암아 편안하기도 하고,   自我安之,
자신으로 말미암아 위태롭기도 하니,   自我危爾.
백성들을 험하다 말하지 마소서!   莫曰民巖,
백성들은 험하지 않나니라.   民不巖矣.

• 해설 : 백성이 곧 나라의 근본이라는 생각을 늘 갖고 있던 남명은, 이 글을 지어 자기가 평소에 갖고 있던 백성과 임금과의 관계를 물과 그 위에 떠 있는 배에 비유하여 임금이나 위정자의 폐부肺腑를 찌르는 풍자성이 풍부한 명작을 지어내었다.

---

8) 남산南山이 … 있고 : 원문의 '남산절절 유석암암南山節節 維石巖巖'은 『시경詩經』 소아小雅 「절남산節南山」의 '절피남산 유석암암節彼南山 維石巖巖'을 인용한 것이다. 이 시는 임금이 태사太師 윤씨尹氏를 등용하여 나라를 어지럽게 한 것을 풍자한 것인데, 우뚝한 남산에 험하게 붙어 있는 바위는 백성의 암험함을 상징하고 있는 것으로 인용한 것이다.

9) 태산이 … 본다 : 원문의 '태산암암 노방소첨泰山巖巖 魯邦所瞻'은 『시경詩經』 노송魯頌 「비궁閟宮」에 나오는 말로, 노魯나라가 주공周公의 성덕聖德에 힘입어 나라를 잘 다스렸으므로 백성들이 험준하게 솟아 있는 태산을 보면서 임금을 그 태산처럼 우러러본다는 의미로 인용한 것이다.

배가 항해할 수 있게 하는 잔잔한 물도 성난 파도가 되어 배를 뒤엎어버리듯이, 평상시에 세금을 바치고 부역에 응하며 국방의 의무를 맡아 묵묵히 나라를 유지하게 하는 바탕이 되는 백성들도 때로는 임금도 쫓아내고 나라를 뒤엎는 힘을 발휘할 수 있는 것이다. 고조선 때부터 조선시대까지 백성들을 가혹하게 다루다가 쫓겨난 임금은 부지기수다. 중국의 역대 왕조들도 모두 농민들의 반란으로 멸망했다. 그러나 그 원인은 임금이 어떻게 정치를 하느냐에 있는 것이지, 백성들에게 있는 것은 아니었다.

남명이 현실을 잊지 않고 현실에 대한 강렬한 비판 의식을 갖고 있었기에 이런 작품을 창작할 수 있었고, 그의 학문의 성격이 현실을 외면한 고담준론高談峻論에 있지 않고 실천위주實踐爲主의 것이었으므로 그런 의지가 문학으로 승화된 것이었다. 당시 체재에 순응하는 여타의 일반 성리학자들로서는 감히 입 밖에 내지 못할 "백성들이 나라를 뒤엎을 수도 있다"라는 과감한 말을 한 것이다.

이 「민암부民巖賦」는 화려한 수식이나 섬세한 조탁雕琢을 하지 않았는데, 차분하면서도 힘있는 필치로 짜임새 있게 구성하여 장엄한 맛이 있다.

남명의 산문선

명 銘

좌우명 座右銘

언행言行 신의 있게 하고 삼가하며,　　　　　庸信庸謹,
사악邪惡함 막고 정성 보존해야지.　　　　　閑邪存誠.
산처럼 우뚝하고 못처럼 깊게 해야　　　　　岳立淵沖,
움 돋는 봄날처럼 빛나고 빛나리라.　　　　　燁燁春榮.

- 해설 : 언행을 철저히 신중하게 하여 장중莊重함과 인후仁厚함을 아울러 기르려고 하는 의지가 들어 있다.

주소 奏疏

을묘년에 사직하는 상소문[1] 乙卯辭職疏

선무랑宣務郎으로서 단성현감丹城縣監에 새로 제수除授된 조식曹植은 진실로 황공하여 머리를 조아리면서 주상 전하께 글을 올립니다.

엎드려 생각하옵건대, 선왕(先王, 중종)께서는 제가 변변치 못한 사람이라는 것을 모르시고 처음에 참봉參奉에 제수하셨습니다.[2] 그리고 전하께서 왕위를 이으신 뒤에, 주부注簿[3]로 제수하신 것이 두 번이었는데,[4] 지금 또 현감으로 제수하시니, 떨리고 두렵기가 언덕과 산을 짊어진 것 같습니다. 그런데도 아직까지 감히 황종黃琮 한 자쯤 되는 땅[5]에 나아가서 하

---

1) 을묘년에 … 상소문 : 이 상소는 1555년(명종 10) 10월 11일에 단성 현감에 임명된 뒤 11월 19일에 올린 것이다. 흔히 「단성소丹城疏」라고 일컫는다.

2) 처음에 … 제수하셨습니다 : 연보 및 실록 등을 참조하여도 어느 때의 일인지는 자세하지 않다.

3) 주부注簿 : 돈령부敦寧府·봉상시奉常寺·종부시宗簿寺·내의원內醫院·사복시司僕寺 및 그 밖의 여러 관아에 딸린 종6품의 낭관 벼슬이다.

4) 주부로 … 번이었는데 : 실록에 따르면 남명은 명종 7년 7월에 성수침成守琛·조욱趙昱·성제원成悌元·이희안李希顏 등과 더불어 주부에, 다시 같은 해 10월에 전생서 주부에 임명된 바 있고, 또 다시 다음 해인 명종 8년 4월에도 예빈시 주부가 된 적이 있다.

5) 황종 … 땅 : 임금이 있는 조정을 가리키는 말인 듯하다. 황종黃琮은 황색의

늘의 해와 같은 은혜에 사례 드리지 못하는 것은, 임금이 사람을 쓰는 것이 목수가 나무를 쓰는 것과 같다고 생각해서입니다. 깊은 산과 커다란 못 어느 곳에 있는 것이든 재목을 버려두지 않고 그것을 가져다가 커다란 집을 짓는 일을 이룩하는 것은 훌륭한 목수가 하는 것이지 나무가 스스로 참여할 수는 없는 일인 것입니다. 전하께서 사람을 쓰시는 것은 나라를 다스리시는 책임 때문입니다. 제가 자리를 맡지 못할까 걱정하는 것도 이 때문이니, 감히 그 큰 은혜를 신 혼자 누릴 수는 없습니다. 그래서 머뭇거리며 나아가기 어려워하는 뜻을 끝내 주상전하께 감히 말씀드리지 않을 수 없습니다.

제가 벼슬에 나아가기 어려워하는 이유는, 두 가지가 있습니다. 지금 신의 나이는 예순에 가깝지만 학문은 어두우며, 문장은 과거시험科擧試驗에 겨우 뽑히기에도 부족하고, 행실은 물 뿌리고 비질하는 일을 제대로 해내기에도 모자랍니다. 과거시험을 보기 십여 년 동안에, 세 번이나 떨어진 뒤 물러났으니, 애초부터 과거공부를 일삼지 않은 사람은 아니었습니다. 만약 과거를 탐탁하게 여기지 않는 사람이 있다고 한다면, 그는 성질 급하고 마음 좁은 평범한 백성에 지나지 않을 뿐이니 큰 일을 할 만한 완전한 재주꾼은 아닙니다. 하물며 그 사람 됨됨이가 착한지 착하지 아니한가 하는 것은, 과거를 보려고 하느냐 과거를 보려고 하지 않느냐 하는 데에 달려 있는 것이 아닙니다. 보잘것없는 제가 이름을 도둑질하였기에, 담당 관원으로 하여금 제가 훌륭한 인물이라고 잘못 판단하게 했고, 담당관원은 이름만 듣고서 전하께서 제가 훌륭한 인물이라고 잘못 판단하시도록 한 것입니다.

서옥으로 옛날 제사지낼 때 사용하던 것이다. 『주례周禮』 「대종백大宗伯」에 "황종으로 땅에 예를 드린다[以黃琮禮也]"라는 말이 있는데, 그 주석에 "종은 팔각형으로 땅의 모습을 본떴다[琮八方象也]"라고 되어 있다.

남명의 산문선

　전하께서는 신을 과연 어떠한 사람이라 생각하십니까? 도道를 지니고 있다고 생각하십니까? 문장에 능하다고 생각하십니까? 문장에 능한 사람이라고 해서 반드시 도를 지닌 사람은 아니며, 도를 지닌 사람이라 해서 반드시 신과 같은 것은 아닙니다. 이것은 다만 전하께서 아시지 못한 것일 뿐만 아니라 재상도 또한 알 수 없는 것입니다. 그 사람을 알지 못하면서 등용하여 다른 날 국가의 수치가 된다면, 어찌 죄가 보잘것없는 신에게만 있겠습니까? 헛된 이름을 바쳐 몸을 파느니, 알찬 곡식을 바쳐 벼슬을 사는 것이 낫지 않겠습니까? 제가 차라리 제 한 몸을 저버릴지언정 차마 전하는 저버릴 수 없습니다. 이것이 나아가기 어려운 첫 번째 까닭입니다.

　또 전하의 나라 일이 이미 그릇되어서, 나라의 근본이 이미 망했고, 하늘의 뜻은 가버렸으며, 인심도 이미 떠났습니다. 비유하자면, 큰 나무가 백 년 동안 벌레가 속을 먹어 진액이 이미 다 말라 버렸는데 회오리바람과 사나운 비가 어느 때에 닥쳐올지 까마득하게 알지 못하는 것과 같으니, 이 지경에 이른 지가 오랩니다. 조정에 있는 사람 가운데 충성되고 뜻있는 신하와 일찍 일어나 밤늦도록 공부하는 선비가 없지는 않습니다. 하지만 이미 그 형세가 극도에 달하여 지탱할 수 없고 사방을 둘러보아도 손쓸 곳이 없다는 것을 알면서도, 낮은 벼슬아치는 아래에서 히히덕거리면서 우선 주색만을 즐기고, 높은 벼슬아치는 위에서 어름어름하면서 오로지 재물만을 늘리며, 물고기의 배가 썩어 들어가는 것 같은데도 그것을 바로잡으려고 하지 않습니다.6)

　게다가 궁궐 안의 신하는 후원하는 세력 심기를 용이 못에서 끌어들이

---

6) 물고기의 … 않습니다 : 물고기는 배부터 썩어 들어간다는 뜻의 '하어복질河魚腹疾'에서 나온 말로, 어떤 병통이 본격적으로 시작됨을 뜻하는데, 『좌전左傳』 선공宣公 12년에 나온다. 원문의 '시尸'는 '시矢'로 보아야 하며 '바로잡는다'는 뜻이다.

는 듯하고[7] 궁궐 밖의 신하는 백성 벗기기를 이리가 들판에서 날뛰듯 하니, 가죽이 다 해어지면 털도 붙어 있을 데가 없다는 것을 알지 못합니다. 신은 이 때문에 은근히 생각하고 깊게 탄식하면서 낮에는 하늘을 우러러보며 탄식한 것이 여러 차례이며, 크게 탄식하면서 아픈 마음을 억제하며 밤에는 천장만 쳐다본 지가 오래되었습니다.

자전慈殿[8]께서 생각이 깊으시기는 하나 깊숙한 궁중의 한 과부에 지나지 않고, 전하께서는 어리시어 다만 돌아가신 임금님의 어린 아드님이실 뿐이니, 천 가지 백 가지의 하늘이 내린 재앙과 억만 갈래로 찢어진 인심人心을 무엇으로 감당해내며 무엇으로 수습하시겠습니까? 냇물이 마르고[9] 좁쌀비가 내리니,[10] 그 조짐이 그 무엇이겠습니까? 노랫가락이 구슬프고[11] 입는 옷이 흰색이니,[12] 나라가 어지러울 조짐이 이미 나타났습니다.

이런 때를 당해서는 비록 주공周公[13] · 소공召公[14]의 재주를 겸하고,

---

7) 용이 … 듯하고 : 원문의 '용나龍拏'는 용이 여의주를 움켜쥐고 있듯이 사물을 끌어들이는 모습을 말한다.
8) 자전慈殿 : 임금의 어머니를 일컫는 말로, 달리 '자성慈聖'이라고도 한다. 여기서는 명종의 어머니 문정왕후文定王后를 말한다.
9) 냇물이 마르고 : 『국어國語』「주어周語」에 "무릇 나라는 반드시 산천山川에 의지하니, 산이 무너지고 냇물이 마르는 것은 망할 징조이다[夫國必依於山川. 山崩川竭. 亡之徵也]."
10) 좁쌀비가 내리니 : 『회남자淮南子』「본경훈本經訓」에 "예전에 창힐이 문자를 만들자 하늘이 좁쌀비를 내리고, 귀신이 밤에 통곡하였다[昔蒼詰作書. 而天雨粟. 鬼也哭]"라 하였고, 그 주석에서 본업을 버리고 이익을 추구하기 때문에 하늘이 보여주는 징조라고 하였다.
11) 노랫가락이 … 구슬프고 : 『예기禮記』「악기樂記」에, "망해 가는 나라의 노래는 구슬프고 시름겹다[亡國之音. 哀以思]"고 하였다.
12) 입는 … 흰색이니 : 『주례周禮』 춘관春官 「사복司服」에, "역질이 크게 돌거나 기근이 크게 들거나 홍수 가뭄이 들면, 임금이 흰 옷을 입는다[大札大荒大災素服]"는 말이 있는데, 당시 백성들이 흰 옷을 많이 입는 것과 관련시켜 한 말이다.

남명의 산문선

지위가 정승 자리에 있다 하더라도 또한 어떻게 손을 쓰지 못할 것입니다. 하물며 한 보잘것없는 몸으로 초개와 같은 재주를 가진 제가 무엇을 할 수 있겠습니까? 위로는 만일의 경우에 위태로움을 부지할 수 없고, 아래로는 조그마한 일에도 백성을 보호할 수 없으니, 전하의 신하 노릇하기가 또한 어렵지 않겠습니까? 조그만 이름을 팔아서 천하의 벼슬을 얻어 그 녹을 먹으면서도 그 녹에 맞는 일을 하지 않는 것은 또한 제가 원하는 바가 아닙니다. 이것이 나아가기 어려운 두 번째 까닭입니다.

또 제가 요즈음 보건대 변방에 일이 생겨 여러 대부大夫가 제 때에 밥을 먹지 못하지만, 신은 놀라워하지 않았습니다. 왜냐하면 이 일은 이십 년 전에 터질 것인데, 전하의 신성神聖한 무예武藝에 힘입었기에 지금에야 비로소 터진 것이지, 하루 저녁에 생긴 것이 아니라고 생각하기 때문입니다. 평소에 조정에서 재물로 사람을 임용하니, 재물만 모이고 백성은 흩어져 버렸습니다. 그래서 마침내 장수의 자격을 갖춘 사람이 없고 성에는 군졸이 없어서, 외적이 무인지경에 들어오듯 했으니 이것이 어찌 괴이한 일이겠습니까?

이번 사변도15) 대마도 왜놈들이 몰래 결탁하여 앞잡이가 되었으니 만고에 씻지 못할 큰 치욕입니다. 전하께서는 영묘靈妙함을 떨치시지 못하

---

13) 주공周公 : 주나라 문왕文王의 아들로 성은 희姬, 이름은 단旦이다. 형 무왕武王을 도와 은나라 주왕紂王을 정벌했는데, 무왕이 죽고 조카인 어린 성왕成王이 왕위에 오르자, 성왕을 도와 주나라의 문물제도를 정비하는 데 크게 기여하였다.

14) 소공召公 : 주나라 문왕의 아들로 이름은 석奭이다. 성왕 때 삼공三公이 되어 주공과 협陝을 나누어 다스려, 이백二伯이 되었기 때문이 달리 소백召伯이라고도 부른다. 협의 서쪽을 맡아 다스렸는데, 덕정을 베풀었다고 한다.

15) 이번 사변 : 을묘년(1555)에 왜인들이 침략하여 전라도 일대에서 난리를 일으킨 사건을 말한다.

고서 그 머리를 재빨리 숙였습니다. 옛날에 우리나라에 대해서 신하로 복종하던 대마도 왜놈들을 대접하는 의례儀禮가 천자天子 나라인 주周나라를 대하는 의례보다 더 융숭합니다. 원수인 오랑캐를 사랑하는 은혜는 춘추시대 송宋나라보다 한술 더 뜨십니다.16) 세종대왕 때 대마도를 정벌하고 성종대왕 때 북쪽 오랑캐를 정벌하던 일과 비교할 때 오늘날의 사정은 어떻습니까?

그러나 이와 같은 것은 피부에 생긴 병에 지나지 않아서 가슴과 배의 통증이 되기에는 부족합니다. 가슴과 배의 통증이란 걸리고 막히어 위아래가 통하지 않게 되는 것이니, 이것은 곧 공경대부公卿大夫가 목이 마르고 입술이 타들어 가도록 열심히 일하지만, 수레는 달리고 사람은 달아나는 것과 같은 일입니다.17)

근위병近衛兵을 불러모으고 나라 일을 정돈하는 것은 자질구레하게 형벌을 정하는 데에 있지 아니하고 오직 전하의 마음 하나에 달려 있습니다. 마음 속에서 말이 땀을 흘리는 것처럼 노력하여,18) 만 마리의 소가 밭을 갈아야 하는 너른 땅에서 공을 거두는 그 기틀은 나에게 있을 뿐입니다. 유독 전하께서 종사하시는 일이 무슨 일인지 모르겠습니다. 학문을 좋아하십니까? 풍류와 여색을 좋아하십니까? 활쏘기와 말달리기를 좋아하십

---

16) 송宋나라보다 한 술 더 뜨십니다 : 춘추시대 송나라 양공襄公이란 임금은 초楚나라와 싸울 때, 참모들이 초나라가 아직 전열을 정비하지 못했을 때 공격하자고 건의하자, "군자는 남이 곤경에 처했을 때 괴롭히지 않는다"라는 얼뜬 인仁을 주장하다가 결국 패하고 말았다
17) 수레는 … 일입니다 : 외적이 침입한 것을 나타내는 말이다. 외적이 침입하였을 때 수레가 있는 사람은 급히 수레를 타고 피난을 가고, 수레가 없는 사람은 달려가는 것을 말한다.
18) 말이 … 노력하여 : 한마汗馬는 말이 피땀을 흘리도록 달리는 것처럼 노고를 아끼지 않는다는 말이다.

남명의 산문선

니까? 군자를 좋아하십니까? 소인을 좋아하십니까? 전하께서 좋아하시는 바에 나라가 흥하느냐 망하느냐 하는 것이 달려 있습니다.

진실로 전하께서 어느 날 문득 흠칫 놀라 깨달아, 팔을 걷어붙이고 학문에 힘쓰시면 홀연히 덕을 밝히고 백성을 새롭게 하는 도리를 얻게 됩니다. 그렇게 하시면 덕을 밝히고 백성을 새롭게 하는 도리 안에 온갖 선이 갖추어지게 되고 온갖 덕을 통한 교화敎化도 이로 말미암아서 나오게 됩니다. 이것을 들어서 시행하면 나라는 다 잘 살게 할 수 있고, 백성은 화합하게 할 수 있으며, 위태로움은 편안하게 만들 수 있습니다. 요약해서 간직하기만 해도, 마음이 비지 않음이 없으며, 저울질이 고르지 않음이 없으며, 생각이 사특하지 않을 것입니다.

불교에서 말하는 참선參禪이란 것도 다만 이 마음을 간직하는 데에 달려 있을 뿐이니, 위로 하늘의 이치에 통하게 되는 데 있어서는 유교와 불교가 한 가지입니다. 다만 사람의 일을 시행함에 있어서는 다리가 없이 땅을 밟고 있는 형국이므로,19) 우리 유가에서는 본받지 않는 것입니다. 전하께서는 이미 불교를 좋아하시니,20) 그것을 학문하는 데로 옮기신다면, 이것이 바로 우리 유가의 일입니다. 이는 어렸을 때 집을 잃었던 아이가 자기 집을 찾아 부모, 친척, 형제, 친구를 만나 보는 일과 같은 것이 아니겠습니까?

더구나 정치를 하는 것은 사람에게 달려 있고, 사람을 쓰는 것은 몸으로써 하고, 몸을 수양하는 것은 도로써 하는 것입니다. 전하께서 만약 사

---

19) 사람의 … 형국이므로 : 불교의 가르침 가운데에는 인간 세계와 상관없는 공허한 이야기가 많음을 빗대어 말한 것이다.
20) 전하께서는 … 좋아하시니 : 명종 때 문정왕후가 섭정하면서 불교를 독신하여, 1551년 과거시험에 선종禪宗과 교종敎宗 양종兩宗의 선과禪科를 두고, 중 보우普雨를 불러다 불법을 폈던 일을 말한다.

람을 쓰는 데에 몸으로써 하신다면, 주위에서 임금님을 모시는 사람들은 사직을 보위하지 않는 이가 없을 것입니다. 아무 일도 모르는 보잘 것 없는 신 같은 자가 무슨 소용이 있겠습니까? 만약 사람을 눈으로만 뽑으신다면 잠잘 때 이외에는 모두 속이고 저버리는 무리일 것이니, 이 경우에도 앞뒤가 막힌 보잘것없는 신 같은 자가 무슨 소용이 있겠습니까? 다른 날 전하께서 천하天下에 왕도정치를 펼치는 지경에 이르도록 교화를 베푸신다면, 신은 마구간의 말석에서나마 채찍을 잡고 그 마음과 힘을 다해서 신하의 직분을 다할 것이니, 어찌 임금을 섬길 날이 없겠습니까?

엎드려 원하옵건대, 전하께서는 반드시 마음을 바로 하는 것으로써 백성을 새롭게 하는 요점으로 삼으시고, 몸을 수양하는 것으로써 사람을 쓰는 근본으로 삼으셔서, 왕도王道의 법을 세우십시오. 왕도의 법이 왕도의 법답지 않으면 나라가 나라답게 되지 못합니다. 밝게 살피시길 엎드려 바라옵니다. 신은 감당할 수 없이 떨리고 두려운 마음으로 죽음을 무릅쓰고 전하께 올립니다.

· 해설 : 이 글이 바로 유명한 「단성소丹城疏」이다. 나라를 올바로 다스리는 길은 임금의 마음에 달려 있으므로 심기일전하여 나라를 바로잡을 것을 강직한 어투로 건의하고 있다.
남명의 상소의 줄거리는 대략 다섯 가지로 요약할 수 있다. 첫째, 조정의 형편은 거의 망할 지경에 접어들었는데 그 원인은 대소 관원들이 모두 파당만 짓고 자기 이익만 챙기려 하기 때문이다. 둘째, 왕권은 무력할 대로 무력한데 이렇게 왕권이 무력해서야 어떻게 국가의 위기상황을 극복하겠느냐? 지금 왕권의 무력함과 관리들의 부패하고 무능한 결과로 국가의 위기상황이 잇달아 발생하고 있다. 셋째, 국가적 위기상황을 극복하려고 한다면 왕 자신의 마음가짐을 새롭게 하는 것이 중요하지, 지엽적인 제도나 법령 등을 개정한다고 될 수 있는 것이 아니다. 넷째, 임금 스스로

남명의 산문선

학문을 닦아 정치의 바른 길을 알아야지, 왕이 대비나 외척·간신들에게 끌려 다녀서는 안 된다. 다섯째 이상의 모든 정치적 폐단이 바로 잡힌 뒤에라면 자기도 나아가 정치에 종사할 용의가 있다는 것이다.

당시 갓 스물을 넘긴 명종明宗은 남명의 상소문을 받아 보고서 겸허하게 그 내용을 검토하여 정치를 쇄신할 결심을 하기는커녕 노발대발하여 승정원(承政院 : 왕명의 출납을 맡는 비서실)에 명하여 남명을 '불경군상죄(不敬君上罪 : 임금에게 언행을 불손하게 한 죄)'로 엄하게 다스리도록 했다.

조야朝野의 중망重望을 한 몸에 받고 있던 남명은, 이 상소로 인하여 한동안 논란의 대상이 되었지만, 이 때부터는 그 비중이 임금도 무시 못하는 존재로 성장하였다. 재야 언론의 영수가 된 것이다. 조선 건국 이후 이때까지 임금의 실정을 이 정도로 강경한 목소리로 직접 지적한 사람은 아무도 없었다.

◎ 原文

乙卯辭職疏

宣務郎新授丹城縣監臣曹植, 誠惶誠恐, 頓首頓首, 上疏于主上殿下. 伏念, 先王不知臣之無似, 始除爲參奉, 及殿下嗣服, 除爲主簿者, 再, 今者, 又除爲縣監, 慄慄危懼, 如負丘山, 猶不敢一就黃琮一尺之地, 以謝天日之恩者, 以爲, 人主之取人, 猶匠之取木, 深山大澤, 靡有遺材, 以成大廈之功, 大匠取之, 而木不自與焉. 殿下之取人者, 有土之責也. 臣不任爲慮, 用是, 不敢私其大恩, 而踧踖難進之意, 則終不敢不達於側席之下矣. 抑臣難進之意[21] 則有二焉. 今, 臣年近六十, 學術疎昧, 文未足以取丙科之列, 行不足以備洒掃之任, 求擧十餘年, 至於三刖而退, 初非不事科擧之人也. 就使人有不屑科目之

---

21) 『宣祖實錄』에는 '意'자가 '義'자로 되어 있다.

爲者, 亦不過悻悻一段之凡民, 非大有爲之全才也. 況爲人之善惡, 決不在於求擧與不求擧也. 微臣盜名而謬執事, 執事聞名而誤殿下. 殿下果以臣爲如何人耶? 以爲有道乎? 以爲能文乎? 能文者, 未必有道, 有道者, 未必如臣. 非但殿下不知, 宰相亦不能知也. 不知其人, 而用之, 爲他日國家之恥, 則何但罪在於微臣乎? 與其納虛名而賣身, 孰若納實穀而買官乎? 臣寧負一身, 不忍負殿下, 此所以難進者, 一也. 抑殿下之國事已非, 邦本已亡, 天意已去, 人心已離. 比如大木, 百年虫心, 膏液已枯, 茫然不知飄風暴雨, 何時而至者, 久矣. 在廷之人, 非無忠志之臣, 夙夜之士也. 已知其勢極而不可支. 四顧無下手之地. 小官嬉嬉於下, 姑酒色是樂, 大官泛泛於上, 唯貨賂是殖. 河魚腹痛, 莫肯尸之, 而且內臣樹援, 龍拏于淵, 外臣剝民, 狼恣于野, 亦不知皮盡, 而毛無所施也. 臣所以長想永息, 晝以仰觀天者, 數矣, 噓唏掩抑, 夜以仰看屋者, 久矣. 慈殿塞淵, 不過深宮之一寡婦. 殿下幼沖, 只是先王之一孤嗣. 天災之百千, 人心之億萬, 何以當之? 何以收之耶? 川渴雨粟, 其兆伊何? 音哀服素, 形象已著. 當此之時, 雖有才兼周召, 位居鈞軸, 亦末如之何矣. 況一微身材如草芥者乎? 上不能持危於萬一, 下不能庇民於絲毫, 爲殿下之臣, 不亦難乎? 若賣斗筲之名, 而賭殿下之爵, 食其食, 而不爲其事, 則亦非臣之所願也. 此所以難進者, 二也. 且臣, 近見邊鄙有事, 諸大夫旰食. 臣則不自爲駭者, 嘗以爲此事發在二十年之前, 而賴殿下神武, 於今始發, 非出於一夕之故也. 平日, 朝廷, 以貨用人, 聚財而散民. 畢竟, 將無其人, 而城無軍卒, 賊入無人之境, 豈是怪事耶? 此, 亦對馬島倭奴, 陰結向導, 作爲萬古無窮之辱, 而王靈不振, 若崩厥角, 是何待舊臣之義, 或嚴於周典, 而寵仇賊之恩, 反加於亡宋耶? 視以世宗之南征, 成廟之北伐, 則孰如今日之事乎? 然若此者, 不過爲膚草之疾, 未足爲心腹之痛也. 心腹之痛, 痞結衝塞, 上下不通, 此乃卿大夫乾喉焦脣, 而車馳人走者也. 號召勤王, 整頓國事, 非在於區區之政刑, 唯在於殿下

남명의 산문선

之一心. 汗馬於方寸之間, 而收功於萬牛之地, 其機在我而已. 獨不知殿下之
所從事者, 何事耶? 好學問乎? 好聲色乎? 好弓馬乎? 好君子乎? 好小人乎?
所好在是, 而存亡繫焉. 苟能一日惕然警悟, 奮然致力於學問之上, 忽然有得
於明新之內, 則明新之內, 萬善具在, 百化由出, 擧而措之, 國可使均也, 民可
使和也, 危可使安也, 約而存之, 鑑無不空, 衡無不平, 思無邪焉. 佛氏所謂眞
定者, 只在存此心而已, 其爲上達天理, 則儒釋一也, 但施之於人事者, 無脚
踏地, 故吾家不學之矣. 殿下旣好佛矣, 若移之學問, 則此是吾家事也. 豈非
弱喪而得其家, 得見父母親戚兄弟故舊者乎? 況爲政在人, 取人以身, 修身以
道. 殿下, 若取人以身, 則帷幄之內, 無非杜稷之衛也. 容何有如昧昧之微臣
乎? 若取人以目, 則袵席之外, 盡是欺負之徒也, 亦何有如硜硜之小臣乎? 他
日, 殿下致化於王道之域, 則臣當執鞭於厮臺之末, 竭其心膂, 以盡臣職, 寧
無事君之日乎? 伏願, 殿下, 必以正心爲新民之主, 修身爲取人之本, 而建其
有極. 極不極, 則國不國矣. 伏惟, 睿察. 臣植, 不勝隕越屛營之至, 昧死以聞.

사직하면서 승정원에 올린 상소문[1]　丁卯辭職呈承政院狀

　　지금 신은 나이가 시제時制[2]에 이르고, 늙고 병든 가운데 죄는 중한데 부르시는 명에 달려갈 수가 없었습니다. 성상聖上 전하께서 은혜를 베풀어 너그럽게 용서하사, 죄를 다스리지는 않으셨지만, 만 번 죽는 것이 마땅하옵기에 처벌을 기다리옵니다.

　　엎드려 생각하옵건대, 주상께서 늙은 백성을 부르시는 뜻은 변변치 못한 늙어빠진 몸을 보고자 하심이 아니고, 진실로 한 마디 말이라도 들어서 만에 하나 임금님의 교화에 보탬이 되게 하려 하시는 것일 것입니다. 그러므로 '구급救急[3]'이라는 두 글자로써 나라를 부흥시키는 한 마디로 삼아, 제가 몸 바치는 일을 대신하고자 합니다.

　　제가 엎드려 보건대, 나라 근본은 쪼개지고 무너져서 물이 끓듯 불이 타듯 하고, 여러 신하들은 거칠고 게을러서 시동尸童[4]같고 허수아비 같습니다. 기강이 씻어 버린 듯 말끔히 없어졌고, 원기元氣가 온통 나른해졌으며, 예의가 온통 쓸어버린 듯하고, 형정刑政이 온통 어지러워졌습니다. 선

---

1) 상소문 : 이 상소문은 1567년(선조 1)에 올린 것인데, 『조선왕조실록』에는 잘못하여 1571년(선조 4) 5월에 실려 있다.
2) 시제時制 : 70세를 일컫는 말이다. 『예기』 「왕제王制」에 보면 '시時'는 계절을 뜻하는데 옛날에 나이 일흔 살이 되는 사람에 대해서는 한 계절 동안에 마련할 수 있는 장례 도구를 준비해야 된다고 한 데서 유래된 말이다.
3) 구급救急 : 발등에 떨어진 급한 일들을 먼저 구제해야 한다는 뜻이다. '급急'의 대상은 다음에 자세히 열거한 내용들이다.
4) 시동尸童 : 옛날 제자시낼 때 신위神位 대신에 고인의 옷을 입혀 앞에 앉혀 놓았던 아이를 가리킨다. 시동은 아무 말도 하지 못하고 가만히 앉아 있기만 한다.

남명의 산문선

비의 습속이 온통 허물어졌고, 공공公共의 도리가 온통 없어졌고, 사람을 쓰고 버리는 것이 온통 뒤섞였고, 기근이 온통 갈 데까지 갔고, 창고는 온통 고갈되고, 제사를 지내는 것이 온통 더렵혀지고, 세금과 공물을 온통 멋대로 걷고, 변경의 방어가 텅 비었습니다. 뇌물을 주고받음이 극도에 달했고, 남을 헐뜯고 이기려는 풍조가 극도에 달했고, 원통함이 극도에 달했고, 사치도 극도에 달했고, 바치는 공물은 통하지 않고, 이적夷狄이 업신여겨 쳐들어오니, 온갖 병통이 급하게 되어 하늘 뜻과 사람의 일도 또한 예측할 길이 없습니다.

이러한 폐단을 버려두고 구제하지 않으면서 한갓 헛된 이름만을 일삼고 의론만 독실한 사람을 따르고 있습니다. 아울러 산야에 버려진 사람을 찾아 어진 이를 구한다는 아름다운 이름만을 일삼으려 하는데, 헛된 이름으로는 실질적인 어려움을 구제할 수 없습니다. 이는 마치 그림의 떡으로 굶주림을 구제하지 못하는 것과 같으니, 발등에 떨어진 급한 일을 구제하는 데에는 전혀 보탬이 안 됩니다.

청하옵건대 완급緩急과 허실虛實을 다시금 분간해서 처리하시옵소서. 예로부터 비록 태평한 세상이라도 옳고 그르고, 되고 안 되는 것을 따지는 일이 없지 않아 궁중 여자까지도 다 글을 올려서 나라의 일을 논할 수 있는 대열에 있었습니다.5) 그런데 지금은 나라에 형세가 엎어질 듯 위태로워 어찌할 수가 없습니다. 몸이 정승의 자리를 차지하고 있는 자도 좌우로 돌아보면서 구원하지 않습니다. 틀림없이 손을 쓸 수 없는 형편에 있을

---

5) 궁중 … 있었습니다 : 여사女史의 제도를 일컫는 말인 듯하다. 여사는 주나라 때부터 있던 관직명으로 부녀 가운데 글을 아는 사람에게 맡긴 일을 말한다. 한나라 때에는 후궁 가운데 서기의 일을 맡은 사람을 일컬었다. 『후한서』 「황후기」에 "여사女史가 붉은 붓으로, 공과功過를 기록한다[女史彤管, 記功書過]"라고 한 구절이 있다.

것입니다.

　시대의 변화를 알지 못하는 지각없는 늙은 백성이 제자리를 벗어나서 관청에서 할 일까지 범하면서, 임금님께 죽음을 무릅쓰고 올립니다. 처사가 함부로 나라 일을 논의한 죄6)에 대해서는 신이 당연히 벌을 받겠사오며 삼가 소장을 올리옵니다.

　　·해설 : 새로 즉위한 선조宣祖가 정치를 새롭게 해 보겠다는 각오로 남명을 조정에 나와서 벼슬하도록 불렀다. 그러나 남명은, 초야에 묻힌 어진 이를 불러낸다는 이름만 얻으려고 할 것이 아니라, 지금 시급한 크고 작은 문제를 해결하는 것이 급선무이므로, "구급(救急 : 급한 일을 해결하시오)"라는 두 글자를 올린다고 했다. 중요한 일과 덜 중요한 일, 먼저 할 일과 나중에 할 일을 구분하여 판단하고, 헛된 형식적인 일보다 근본적이고 현실적인 일에 힘쓰라고 간언諫言을 하고 있다.

◎ 原文

丁卯辭職呈承政院狀7)

---

　6) 처사가 … 죄 : 『논어』「계씨季氏」에 "천하에 도가 있으면 서인들이 정치를 의논하지 않는다[天下有道, 則庶人不議]"라는 구절이 있는데, 그 주석에 보면 "정치를 의론하는 것을 죄로 삼은 것은 주나라 여왕厲王과 진나라 시황始皇의 법이다[以議政爲罪, 乃周勵秦始之法也]"라고 되어 있다.
　7) 己酉本 『南冥集』에는 「辛未辭職承政院狀」으로 되어 있고, 『宣祖實錄』에도 1571년(선조 4) 5월조에 실려 있다. 그러나 1568년에 올린 「戊辰封事」에서 "전에 '구급救急'이라고 아뢰었으나, 아직도 … 못했습니다"라는 구절이 있는 것으로 볼 때, "'구급救急'이라는 두 글자로써 나라를 부흥시키는 한 마디로 삼아 제가 몸을 바치는 일을 대신하고자 합니다"라는 말이 들어 있는 이 소장疏狀을 정미년(1567)에 올린 것이 확실하다.

남명의 산문선

今臣年及時制, 老病罪重, 奔命不得, 上恩寬宥, 不卽治罪, 萬死待罪. 伏念, 主上徵召老民之意, 非欲見微末殘敗之身, 固欲聞一言, 以補聖化之萬一. 請以救急二字獻, 爲興邦一言, 以代微臣之獻身. 伏見, 邦本分崩, 沸如, 焚如. 群工荒廢 如尸, 如偶. 紀綱蕩盡, 元氣繭盡, 禮義掃盡, 刑政亂盡, 士習毁盡, 公道喪盡, 用捨混盡, 飢饉荐盡, 府庫竭盡, 饗祀瀆盡, 徵貢橫盡, 邊圉虛盡, 賄賂極盡, 掊克極盡, 冤痛極盡, 奢侈極盡, 飲食極盡, 貢獻不通, 夷狄凌加, 百疾所急, 天意, 人事, 亦不可測也. 舍置不救, 徒事虛名, 論篤是與, 竝求山野棄物, 以助求賢美名. 名不足以救實, 猶畫餅之不足以救飢, 都無補於救急, 請以緩急虛實, 更加分揀處置. 自古, 雖太平之世, 不得無是非可否. 宮中女子, 皆得上書論列. 今也, 國勢顚危, 無可奈何. 身居鈞軸者, 左右環視而莫救, 必有下手不得之勢, 不曉時變. 無知老民, 出位侵官, 昧死以聞. 處士橫議之罪, 臣固當受. 謹狀.

무진년에 올리는 봉사[1]   戊辰封事

경상도 진주에 사는 백성 조식은 진실로 황공하여 손을 모으고 머리를 조아려 절하면서 주상 전하께 상소하나이다. 엎드려 생각하건대, 신은 노쇠한 병이 점점 더해서, 밥을 먹고 싶은 생각이 없어지고 몸은 자리를 떠나지 못합니다. 부르시는 명을 거듭 내리시니, 길 떠날 수레와 말을 기다림도 오히려 뒤로해야 하지만,[2] 해바라기가 해를 향하는 마음으로 날마다 길을 바라보기만 할 뿐 나아가기가 어렵습니다. 진실로 죽을 날짜가 얼마 남지 않아서 성상의 은혜에 보답할 길이 없음을 알기에, 감히 가슴 속에 간직하고 있는 말을 다해서 대왕 전하께 올립니다.

엎드려 보건대, 주상 전하께서는 뛰어난 지혜의 자질을 타고나셔서 백성을 다스리고자 하시는 마음이 있으시니, 이는 실로 백성과 사직社稷의 복입니다. 그런데 백성을 잘 다스리는 도는 다른 데에서 구할 것이 아니오라, 요점은 임금이 선善을 밝히고 몸을 정성되게 하는 데에 있을 뿐입니다. 이른바 선을 밝힌다는 것은 이치를 궁구함을 이름이요, 몸을 정성되게 한다는 것은 몸을 닦는 것을 말합니다. 천성 안에는 모든 이치가 다 갖추어 있으니, 인仁·의義·예禮·지智가 그 본체이고 모든 선善이 다 여기서부터 쫓아서 나옵니다. 마음은 이치[理]가 모이는 주체이고, 몸은 이 마음

---

1) 무진년에 … 봉사 : 무진년은 1568년(선조 1)이며, 왕조실록에 의하면 이 글은 5월 26일 올린 것으로 되어 있다. 봉사奉事는 글을 봉하여 임금만이 직접 그 내용을 볼 수 있도록 적어 올린 글을 말한다. 선조가 즉위하여 조야朝野를 막론하고 널리 어진 사람의 말을 구하므로 남명이 올린 글이다.
2) 길 떠날 … 하지만 : 『논어』 「향당鄕黨」에 "임금이 부르면 수레에 멍에 매기를 기다리지 않고 길을 떠난다[君命召, 不俟駕行矣]"라는 구절이 있다.

남명의 산문선

을 담는 그릇입니다. 그 이치를 궁구하는 바탕이 되는 것은 글을 읽으면서 의리를 강명講明하고, 일을 처리할 적에 그 옳고 그름을 찾는 것입니다. 몸을 닦는 요체가 되는 것은 예가 아니면 보지도 듣지도 말하지도 움직이지도 않는 것입니다.

가슴속에 마음을 간직해서 혼자 있을 때를 삼가는 것은 큰 덕[大德]이고, 밖으로 살펴서 그 행동에 힘쓰는 것은 왕의 도리[王道]입니다. 그 이치를 궁구하고 몸을 닦으며, 가슴속에 본심을 간직하고 밖으로 자신의 행동을 살피는 가장 큰 공부는 곧 반드시 經을 위주로 해야 합니다. 이른바 경이란 것은 정제하고 엄숙히 하여, 항상 마음을 깨우쳐서 어둡지 않게 하는 것입니다. 한 마음의 주인이 되어 만사에 응하는 것은, 안은 곧게 밖은 방정하게 하는 것입니다. 공자께서 이른바, "경經으로써 몸을 닦는다"3)라는 것이 이것입니다. 그러므로 경을 주로 하지 않으면 이 마음을 간직할 수 없고, 마음을 간직하지 못하면 천하 이치를 궁구할 수 없으며, 이치를 궁구하지 못하면 사물의 변화를 다스릴 수가 없습니다. 그러나 부부에서 시작해서 가정, 국가, 천하에 미치는 것은 다만 선과 악의 나뉨을 밝혀 자신이 성실해지는 데로 돌아가게 하는 데에 있을 뿐입니다. 아래로 사람의 일을 배우고 위로 하늘의 이치에 통하는 것이 또 학문에 나아가는 순서입니다. 사람의 일을 버리고 하늘의 이치를 말하는 것은 곧 입에 발린 이치이며, 자신에게서 돌이켜 보지 않고 들어서 아는 것만 많은 것은 곧 귀에 발린 학문입니다. 천화天花4)가 어지러이 떨어지니 수신修身 할 이치가 전혀 없다고 말씀하지 마십시오. 전하께서 과연 경敬으로써 몸을 닦으면서,

---

3) 경으로써 … 닦는다 : 『논어』 「헌문憲問」에 나오는 말이다.
4) 천화天花 : 천화天華. 불교 용어로서 하늘나라에서 내리는 묘화를 말한다. 『법화경法華經』 「비유품比喩品」에 "모든 하늘의 기악妓樂 수많은 종류가 허공虛空 가운데서 한 목에 일어나니 천화가 비 오듯 하였다"고 하였다.

하늘의 덕에 통하고 왕도王道를 행하셔서, 지극한 선에 이른 뒤에 그곳에 머무신다면, 밝음과 선을 밝히는 일과 몸을 정성스럽게 하는 일이 모두 진전이 있어, 자신을 닦고 남을 다스리는 일이 아울러 극진해질 것입니다. 이것을 정치 교화에 베푸는 것은 바람이 일어나자 구름이 몰려가는 것 같으니, 아래 백성이 본받는 것이 반드시 이보다 더한 바가 있을 것입니다.

왕의 학문이 간혹 유자儒者와 다른 것은, 행동하고 처신하는 것이 구경九經5)보다 더욱 무겁기 때문입니다. 『주역周易』이란 책은 시의時宜를 따른다는 뜻이 가장 중요합니다. 지금 시대로 말하자면, 왕의 신령스러움이 시행되지 않고, 정치는 사사로운 은혜를 베푸는 일이 많습니다. 명령이 나오면 오직 거꾸로 행하여 기강이 서지 않은 지가 여러 대나 되었습니다. 헤아릴 수 없는 임금의 위엄을 떨치지 않으면 싸라기 죽처럼 온통 흩어져 버린 형세를 모을 수 없으며, 큰 장맛비로 적시지 않으면 칠 년 가뭄에 시든 풀을 살릴 수 없을 것이니, 반드시 세상의 운세를 걸머질 뛰어난 보좌를 얻어서 윗사람과 아랫사람이 한 가지로 공경하고 함께 공손하여 한 배를 탄 사람과 같이 한 다음이라야, 점점 무너지고 그릇되고 타들어 가고 목마른 듯한 형세를 바로잡을 수 있을 것입니다.

그러나 사람을 취하는 것은 솜씨로 하지 않고, 반드시 몸으로써 해야 합니다. 몸이 닦이지 않으면 자기 마음속의 저울과 거울이 없으므로, 선악을 분별치 못하여 사람을 쓰고 버리는 데 실수하게 됩니다. 또 옳은 인물

---

5) 구경九經 : 『중용』에서 말하는 아홉 가지 상도常道를 가리킨다. 『중용』에 "무릇 천하 국가를 다스리는 데는 구경九經이 있으니, '몸을 닦는 것, 어진 이를 높이는 것, 친해야 할 사람과 친하게 지내는 것, 대신을 공경하는 것, 여러 신하를 내 몸같이 아끼는 것, 여러 백성을 자식처럼 사랑하는 것, 온갖 기술자가 우리 편으로 오게 하는 것, 먼 지방에 사는 사람들을 부드럽게 대해 주는 것, 제후들을 포용하는 것'이다[凡爲天下國家, 有九經, 修身也, 尊賢也, 親親也, 敬大臣也, 體君臣也, 子庶民也, 來百工也, 柔遠人也, 懷諸侯也]"라는 구절이 있다.

남명의 산문선

이 쓰이지 않으면 누구와 함께 도를 다스리는 일을 이룩하겠습니까? 옛날에 남의 나라 염탐을 잘하던 사람은 그 나라 국세의 강약을 보지 않고, 사람을 얼마나 잘 쓰고 못 쓰는가를 보았습니다. 이것으로써 천하의 일이 비록 극도로 어지럽고 극도로 잘 다스려지더라도 모두 사람이 만드는 것이지 다른 데에서 말미암는 것이 아님을 알 수 있습니다. 그러므로 자기 몸을 닦는 것이 다스림을 펴는 근본이며, 어진 이를 쓰는 것이 다스림의 근본입니다. 그리고 몸을 닦는 것은 또 사람을 쓰는 근본이 되기도 합니다. 성현의 천 마디 만 마디 말이 어찌 '자신을 닦고 사람을 쓰는 것' 밖에 있겠습니까? 옳은 인재를 쓰지 않으면 군자는 초야에 있고 소인이 나라를 마음대로 하게 됩니다.

예로부터 권신으로서 나라를 마음대로 했던 일이 있기도 하였고, 외척으로서 나라를 마음대로 했던 일이 있기도 하였으며, 부인과 환관으로서 나라를 마음대로 했던 일이 있기도 하였습니다. 그러나 지금처럼 서리胥吏가 나라 일을 마음대로 했던 일이 있었다는 것은 듣지 못했습니다. 정권이 대부에게 있어도 오히려 옳지 못한데, 하물며 서리에게 있어서야 되겠습니까? 당당한 제후의 국가로서 조종의 이백 년의 업적에 힘입고 공경 대부가 앞뒤에서 서로 따르는데, 천한 서리에게 정권을 돌립니까? 이것은 쇠귀에도 들리게 해서는 안 될 것입니다.

군민軍民에 대한 모든 정사와 국가의 기밀이 모두 서리의 손에서 나오므로, 실과 곡식을 관청에 바치는 데에도 뒷길로 돌려 바치지 않으면 통하지 아니합니다. 안으로 재물이 모이면 백성은 밖으로 흩어져, 열 명 가운데 한 명도 남아 있지 않을 것입니다. 심지어는 각자가 맡고 있는 고을을 자기 물건처럼 생각하여, 문서를 만들어서 교활하게 자기의 자손 대대로 전합니다. 지방에서 바치는 것을 일체 가로막고 물리쳐서 한 물건도 바칠

주소 奏疏

수가 없습니다. 그러므로 공물을 가지고 바치러 갔던 사람이, 온 가족의 재산을 다 팔아서 바쳐도 그 것은 관청으로 들어가지 않고 개인에게로 돌아갑니다. 그래서 백 곱절이 아니면 받지를 않습니다. 그래서 해마다 바치는 공물을 계속해 바치지 못하고, 도주하는 자들이 잇달아 생깁니다. 창건 이래로 고을의 백성이 바치는 것이 문득 새앙쥐 같은 놈들이 나누어 가질 줄 어찌 생각이나 했겠습니까? 전하께서 한 나라를 독차지하는 부를 누리면서 도리어 이 서리들의 방납防納한 물품에 의뢰하고 계시다는 것을 어찌 생각이나 했습니까?

왕망王莽6)과 동탁董卓7)같은 간악한 자들도 이런 적은 없었으며, 비록 망해 가는 나라에서도 일찍이 이런 일은 없었습니다. 이러고서도 만족하지 않고 국고國庫의 물건까지 다 훔쳐내어 아주 조그마한 옷감, 매우 조금의 곡식도 저축된 것이 없으니, 나라꼴이 말이 아니고 도적이 도성에 가득합니다. 나라는 한갓 빈 그릇만 안고 다 썩어서 뼈대만 앙상하게 서 있으니 온 조정 사람은 마땅히 목욕재계하고 함께 쳐야 할 것입니다. 혹 힘이 모자라면 사방의 사람들을 불러서 잠시도 잠자고 먹을 겨를이 없이 분주히 임금을 도와야 할 것입니다.

지금 사람들이 모여 사는 곳에 좀도둑이라도 있으면 장수에게 죽이고 사로잡도록 명해서, 하루도 기다리지 못합니다. 그런데 서리가 도둑이 되고 온갖 관리가 한 무리가 되어 심장부를 차지하고 앉아 국맥國脈을 모두 결딴내니, 그 죄가 신에게 제사지내던 희생을 훔쳐내는 것뿐만 아닌데도

---

6) 왕망王莽 : 한漢나라 효원황후孝元皇后의 조카이다. 책모로써 평제平帝를 죽이고 한나라 왕조를 빼앗고 즉위하여 신新나라를 세웠으나, 내치·외교에 실패하여 재위 15년 만에 광무제光武帝에게 망했다.

7) 동탁董卓 : 후한後漢시대 사람으로 영제靈帝 때 전장군前將軍이 되었다가, 후에 헌제獻帝를 내세워 폭정을 일삼다 여포呂布·왕충王充 등에게 죽임을 당하였다.

남명의 산문선

법관이 감히 묻지도 못하고 사구司寇8)도 감히 따지지 못합니다. 혹 한낱 담당관원이 조금 사찰査察하고자 하면, 견책과 파면이 그들의 손아귀에 있습니다. 여러 벼슬아치들은 속수무책으로 제사상에 남은 희생만을 먹으면서 '예예'하며 물러납니다. 이것들이 믿는 바가 없으면서 어떻게 이처럼 거리낌 없이 방자하게 날뛸 수 있습니까? 초楚나라 왕이 이른바 '도둑이 권세가 있어 쫓아 보낼 수 없다'고 한 것9)이 이것입니다. 각자 교토狡兔같이 세 굴을 가졌고,10) 냇가의 조개처럼 딱딱한 껍질로 방패막이를 하고 있습니다. 남몰래 전갈의 독을 품고 있으면서 안 그런 척 온갖 방법으로 꾸미니, 사람이 다스릴 수 없고 법으로도 형벌을 더할 수 없으며, 성城이나 사직社稷의 쥐가 되어 있어서 이미 불을 때거나 물을 부어 쫓아 낼 수도 없습니다.11) 그렇다면 그 세 굴이 되어 주는 자는 과연 어떤 사람이며,

---

8) 사구司寇 : 주나라 때 형벌, 도난 등의 일을 맡아보던 벼슬인데, 훗날 형조판서의 별칭으로 쓰이게 되었다.

9) 초나라 … 한 것 : 초楚의 영왕靈王이 영윤令尹으로 있다가 임금이 되었다. 우윤芋尹 무우無宇가 죄지어 도망간 자기 부하를 잡으려고 하자, 유사가 도리어 무우를 잡아다 왕 앞에 꿇어앉혔다. 무우가 "죄를 지은 놈은 처벌해야 나라가 강해진다"고 하면서 임금도 왕위를 훔친 도둑이라고 하였다. 그러자 임금이 "네 부하는 잡아가거라. 그러나 도둑(왕 자신을 두고 하는 말)은 권세가 있어 어찌할 수 없다"고 하였다. 『좌전左傳』 「소공召公」 7년에 보인다.

10) 교토같이 … 가져서 : 영리한 토끼가 굴 하나로 난을 면하기 어려움을 알고 반드시 굴 세 개를 만들어서 제 몸을 안전하게 한다는 뜻이다. 『전국책戰國策』 「제책齊策」에 "영리한 토끼는 세 개의 굴을 가지고 있어서, 그 죽음을 면할 수 있는 것입니다. 지금 임금에게는 하나의 굴만 있으니 베개를 높이 베고 누워 잘 수가 없습니다. 임금님을 위해 다시 두 굴을 파기를 청합니다 [狡兔有三窟, 僅得免其死耳. 今君有一窟, 未得高枕而臥, 請爲君復鑿二窟]"라는 구절이 있다.

11) 성과 … 없습니다 : 성호사서城狐社鼠를 가리키는데, 성城에 굴을 파고 사는 여우와 사社에 집을 지은 쥐와 같은 존재를 말한다. 『진서晉書』 「사곤전謝鯤傳」

딱딱한 껍질이 되어 주는 자는 어떤 사람이기에, 어찌해서 벌하지 못하는 것입니까?

전하께서 크게 성을 내시어 하늘의 기강을 한 번 떨치시고, 재상과 얼굴을 맞대고 그 까닭을 추궁해야 할 것입니다. 그리하여 임금께서 결단하시기를 순임금이 사흉四凶을 제거하던 것과,12) 공자가 소정묘少正卯를 배던 것13)과 같이 하시면, 능히 지극히 악을 미워하는 법을 다할 수 있을 것이고, 백성들이 마음속으로 크게 두려워하도록 할 수 있을 것입니다. 만약 언관言官이 논박하여 마지않은 뒤에야 힘써서 억지로 따라 간다면, 선악善惡의 소재와 시비是非의 분별을 알지 못해서 그 임금의 도리를 잃게 됩니다. 어찌 임금이 그 도리를 잃고서 능히 사람을 다스릴 수가 있겠습니까? 그런 까닭에 나의 밝은 덕이 이미 밝으면, 마음이 거울과 같이 밝아져, 비치지 않는 것이 없는 것과 같습니다. 덕과 위엄이 베풀어지면 초목도 모두 쏠리는데, 하물며 사람이겠습니까? 여러 신하가 두려워 다리를 떨면서 달려와서 왕명을 받들기에 겨를이 없을 것인데, 어찌 한 치인들

<hr>

에 나오는 말로 여우를 잡으려고 굴에 물을 부으면 성이 무너질까 걱정되고 쥐를 잡으려고 사에 연기를 피우다가 사社를 태울까 걱정이 되어, 이렇게 하지도 저렇게 할 수도 없는 형편을 말한다. 간신이 임금의 세력을 교묘하게 끼고 있어 다른 신하들이 어떻게 할 수 없음을 비유한 말이다.

12) 순임금이 … 것과 : 순舜임금이 공공共工·환도驩兜·삼묘三苗·곤鯀 등의 사흉四凶을 제거한 일을 가리킨다. 『서경』「순전舜傳」에 "공공을 유주에 귀양보내고, 환도를 숭산으로 내쫓고, 삼묘를 삼위로 귀양보내고, 곤을 우산에서 죽였다[流共工于幽州, 放驩兜于崇山, 竄三苗于三危, 殛鯀于羽山]"라는 구절이 있다.

13) 공자가 … 베던 것 : 소정묘少正卯는 노魯나라 대부로, 정사를 어지럽히자 공자가 그를 죽였다. 『사기史記』「공자세가孔子世家」에 "이에 노나라 대부로서 정치를 어지럽히는 소정묘를 목 베었다[於是, 誅魯大夫亂政者少正卯]"라는 구절이 있다.

남명의 산문선

간사한 흉계를 품은 꾀가 있을 수 있겠습니까?

정사를 어지럽힌 대부大夫도 오히려 정해진 형벌이 있어서, 저 윤원형尹元衡[14]의 세도도 조정이 바로잡았는데, 하물며 이따위 여우나 쥐 같은 놈들의 허리와 목을 베기야 제부齊斧[15]에 기름을 바르기에도 부족한 것 아니겠습니까? 우레가 치면서 소낙비가 한 번 쏟아지면 천지가 해갈되는 것이니, 이것을 두고 위에서 몸이 닦여지면 아래로 나라가 다스려진다고 하는 것입니다. 그렇게만 된다면 지금 조정에서 벼슬하는 사람 가운데 누가 세상을 지도할 만한 보좌할 사람이 아니겠습니까?

자신과 어긋난 간신은 제거하면서 나라를 좀먹는 간악한 서리들은 용납하고 있으니, 이는 자신은 위하되 나라는 위하지 않는 꼴이 됩니다. 명철보신明哲保身하지도 않고, 우매하게 자신의 위험을 무릅쓰고 나라를 위해 일하지도 않으면서,[16] 걱정스러운 세상을 즐거운 듯 살아갑니다. 이것

---

14) 윤원형(尹元衡, ?~1565) : 명종 때의 권신으로 자는 언평彦平, 본관은 파평이다. 중종 계비 문정왕후의 친동생이다. 누님의 아들인 명종이 즉위하자 크게 세력을 얻어, 안으로는 문정왕후, 밖으로는 이기李芑·정순붕鄭順朋 등과 모의하여 을사사화乙巳士禍를 일으켰다. 막강한 권한을 20여 년간이나 휘두르다가 문정왕후 사후에 삭탈관직 당하였다.

15) 제부齊斧 : 날카로운 도끼 또는 임금의 권위를 상징하는 도끼를 가리키는데 『한서漢書』「왕망전王莽傳」하下에 "이것은 경전에서 이른바 그 날카로운 도끼를 잃어버린 것이다[此經所謂喪其齊斧者也]"란 말이 있는데, 그 주석에 "응소應劭가 말하기를, '제齊는 날카롭다는 말이다. 그 날카로운 도끼가 없다는 것은 다시는 목 베는 일이 없음을 말한 것이다[應劭曰, 齊利也, 亡其利斧, 言無以復斬斷也]"라는 설명이 붙어 있다. 『漢書』의 이 말은 『주역』 손괘巽卦 상구효사上九爻辭의 "그 날카로운 도끼를 잃었다[喪其資斧]"라는 말에서 나왔다. 그러나 『문선文選』 등의 주석에 의하면 군대가 출정 갈 때는 반드시 재계를 하고 묘당에 들어 도끼를 받기 때문에 제부라 한다고 설명되어 있다.

16) 우매하게 … 않으면서 : 위衛나라 대부인 영무자甯武子의 고사에서 유래한 표

이 어찌 사람의 지모智謀가 부족한 까닭이겠습니까? 아니면 하늘이 명한 바가 있는데, 사람이 능히 하늘을 이겨내지 못해서 그런 것입니까?

신이 홀로 깊은 산중에 살면서 굽어서 민정을 살피고 우러러 천장을 보면서 탄식하고 울먹이다가 뒤이어서 눈물을 흘린 적이 자주 있습니다. 신은 전하께 조금도 임금과 신하로서의 긴밀한 의를 맺은 적이 없는데, 무슨 은혜에 감격해서 탄식하며 눈물 흘리기를 그치지 못했겠습니까? 사귐은 얕은데 말이 심각하여 실로 죄가 있습니다. 다만 생각하건대, 이 땅의 곡식을 먹어 온 지 여러 대 째 된 백성이고, 더구나 세 조정의 징사徵士[17])가 되었습니다. 따라서 신의 몸은 주나라 때 과부[18])에 견줄만하니 부르는 명이 내려진 오늘 어찌 한 마디 말을 올리지 않을 수 있겠습니까? 신이 전일에 '급한 문제를 해결해야 한다[救急]'고 아뢰었으나,[19]) 아직도 전하께서 급하게 여겨 불에 타는 것을 구원하고 물에 빠진 것을 건져내듯

현이다. 『논어』 「공야장公冶章」에 보면 "영무자는 나라에 … 도가 없으면 그 우직함을 보였다. … 그 우직은 따를 수 없다"라는 구절이 있다. 이것은 위나라 성공成公이 무도하여 나라를 잃기에 이르자, 무자가 그 사이에서 주선하여 몸과 마음을 다하여 어렵고 험한 일을 피하지 않았다. 대체로 그가 처한 곳은 다 지교智巧있는 사람이면 심히 회피하여 즐겨하지 않을 것들이었는데도, 마침내 그 몸을 보전하고 그 임금을 건졌으니, 이것이 그의 우직함은 미치지 못할 것이라는 말이다.

17) 징사徵士 : 학문과 덕행이 있어 임금이 직접 조서로 부르지만 벼슬하지 않는 선비를 일컫는 말이다.

18) 신의 … 과부 : 『춘추좌씨전』 소공召公 24년에 나오는 고사로, 과부가 자신이 길쌈하는 실의 양이 적은 것은 걱정하지 않고 주나라 왕실이 멸망할까 근심하였다는 말이다. 자신의 본업은 내버려 두고서 국사國事를 걱정하는 것을 가리킨다.

19) 신이 … 아뢰었으나 : 남명이 1567년(선조 즉위년) 5월에 올린 「정묘년 사직정승정원소丁卯年辭職呈承政院疏」에 '구급救急'이라는 두 글자를 올린 일이 있다.

남명의 산문선

이 하신다는 것을 듣지 못했습니다. 늙은 선비가 자신의 곧음을 드러내는 말이라 마음을 움직이기에는 부족하다고 여기셨으리라 생각됩니다. 하물며 이번에 말씀드린 '임금의 덕[君德]'에 관한 이야기는 옛사람이 이미 이야기한 평범한 길에 불과합니다. 그러나 이 길로 말미암지 않으면 갈 만한 길이 다시는 없습니다. 임금의 덕을 밝히지 않고 다스려지기를 구하는 것은 배 없이 바다를 건너는 것 같아서, 다만 저절로 빠져 죽을 뿐입니다. 그 경우는 전일에 말씀드린 것보다도 더욱 급합니다.

전하께서 만약 신의 말을 버리시지 않고 너그럽게 용납하신다면, 제가 비록 천리 밖에 있더라도 전하의 궤연机筵 앞에 있는 것과 같을 것입니다. 어찌 반드시 누추한 늙은이를 면대한 뒤라야 신을 임용하신 것이라 하겠습니까? 또한 듣건대 임금을 섬기는 자는 임금을 헤아려 본 뒤에 들어간다고 하는데, 정말 전하는 어떠한 임금이신지 모르겠습니다. 만약 신의 말을 좋아하지 않으면서 한갓 신을 보려고만 하실 뿐이라면 섭공葉公이 용을 좋아하던 일20)이 될까 두렵습니다. 오늘 전하께서 밝게 보셨나 어둡게 보셨나에 따라 앞으로의 다스림이 성공할 것인가 실패할 것인가를 점칠 수 있을 것입니다. 주상께서는 이 점을 살피소서. 삼가 말씀 올리옵니다.

왕이 비답하기를, "전일의 아뢴 뜻은 내가 항상 자리에 두고 살펴보고 있노라. 이 바른 말을 볼 때마다 더욱 그대의 재주와 덕이 높은 것을 알겠

---

20) 섭공葉公이 … 좋아하던 일 : 허명을 좋아하면서 실상은 좋아하지 않는다는 비유이다. 『신서新書』「잡사雜事」에 보면, 섭자고葉子高는 춘추 시대 초나라 섭현葉顯의 수령이었던 심제량沈諸梁을 가리키는데, 그는 너무도 용을 좋아해서 집안 곳곳에 용을 그리고 또 새겨 놓았는데, 하늘에 있던 용이 그 소문을 듣고 내려와서 창문에 머리를 들이밀고, 마루에 꼬리를 흔드니 섭공이 놀라서 달아나 버렸다고 한다.

도다. 내가 비록 민첩하지 못하나 응당 유념할 것이니 그대는 그리 알라"
하였다.

융경隆慶 2년 5월 ○일.

• 해설 : 나라를 다스리는 데는 인재가 필요하다. 그러나 당시 지금 조선의 실정은
서리들이 부정부패를 저질러 나라를 망치고 있는데, 조정 관리들은 한
통속이 되어 그들에게 이용당하거나 묵인하고 있으니, 임금은 정신을 차
리고 나라 일을 바로 잡아야 한다고 직간하고 있다.

◎ 原文

戊辰封事

慶尙道晉州居民曹植, 誠惶誠恐, 拜手稽首, 上疏于主上殿下. 伏念, 微臣
衰病轉加, 口不思食, 身不離席, 召命申疊, 俟駕猶後, 葵心向日, 望道難進,
固知死亡無日, 無以報聖恩, 敢竭心腹, 以進冕旒. 伏見, 主上, 稟上智之資,
有願治之心, 此固民社之福也. 爲治之道, 不在他求, 要在人主明善誠身而已.
所謂明善者, 窮理之謂也. 誠身者, 修身之謂也. 性分之內, 萬理備具, 仁義禮
智, 乃其體也. 萬善, 皆從此出. 心者, 是理所會之主也. 身者, 是心所盛之器
也. 窮其理, 將以致用也. 修其身, 將以行道也. 其所以爲窮理之地, 則讀書,
講明義理, 應事, 求其當否. 其所以爲修身之要, 則非禮勿視聽言動, 存心於
內, 而謹其獨者, 天德也. 省察於外, 而力其行者, 王道也. 其所以爲窮修存省
之極功, 則必以敬爲主. 所謂敬者, 整齊嚴肅, 惺惺不昧, 主一心, 而應萬事,
所以直內而方外, 孔子所謂修己以敬者, 是也. 故非主敬, 無以存此心, 非存
心, 無以窮天下之理, 非窮理, 無以制事物之變. 不過造端乎夫婦, 以及於家

남명의 산문선

國天下, 只在明善惡之分, 歸之於身誠而已. 由下學人事, 上達天理, 又其進
學之序也. 捨人事而談天理, 乃口上之理也. 不反諸己, 而多聞識, 乃耳底之
學也. 休說天花亂落, 萬無修身之理也. 殿下果能修己以敬, 達天德, 行王道,
必至於至善而後止, 則明誠竝進, 物我兼盡, 施之於政教者, 如風動而雲驅,
下必有甚焉者矣. 獨王者之學, 或異於儒者, 以其行處尤重於九經也. 易之爲
書, 隨時之義, 最大. 由今言之, 王靈不擧, 政多恩貸, 令出惟反, 紀綱不立者,
數世矣. 非振之以不測之威, 無以聚百散糜粥之勢, 非潤之以大霖之雨, 無以
澤七年枯旱之草, 必得命世之佐, 上下同寅協恭, 如同舟之人, 然後, 稍可以
濟頹靡燋渴之勢矣. 然取人者, 不以手, 而以身. 身不修, 則無在己之衡鑑. 不
知善惡, 而用舍皆失之, 人且不爲我用, 誰與共成治道哉? 古之善覘人國者,
不觀其國勢之强弱, 觀其用人之善惡. 是知天下之事, 雖極亂, 極治, 皆人所
做, 不由乎他也. 然則, 修身者, 出治之本, 用賢者, 爲治之本, 而修身, 又爲取
人之本也. 千言萬語, 豈有出此修己用人之外者乎? 用非其人, 則君子在野,
小人專國. 自古, 權臣專國者, 或有之, 戚里專國者, 或有之, 婦寺專國者, 或
有之, 未聞有胥吏專國, 如今之時者也. 政在大夫, 猶不可, 況在胥吏乎? 堂堂
千乘之國, 籍祖宗二百年之業, 公卿大夫, 濟濟, 先後相率, 而歸政於儓隷乎?
此不可聞於牛耳也. 軍民庶政, 邦國機務, 皆由刀筆之手, 絲粟以上, 非回俸,
不行. 財聚於內, 而民散於外, 什不存一. 至於各分州縣, 作爲己物, 以成文
劵, 許傳其子孫. 方土所獻, 一切沮却, 無一物上納 賫持土貢者. 合其九族,
轉賣家業, 不於官司, 而納諸私室, 非百倍, 則不受, 後無以繼之, 逋亡相屬,
豈意祖宗州縣, 臣民貢獻, 奄爲鼫鼠所分之有乎? 豈意殿下享大有之富, 而反
資於僕隷防納之物乎? 雖莽卓之奸, 未嘗有此也. 雖亡國之世, 亦未嘗有此
也. 此而不厭, 加以, 偸盡帑藏之物, 靡有尋尺斗升之儲, 國非其國, 盜賊滿車
下矣. 國家徒擁虛器, 枵然骨立, 滿朝之人, 所當沐浴共討, 力或不足, 則號召

四方, 奔走勤王, 而不遑寢食者也. 今, 人之相聚者, 有草竊, 則命將誅捕, 不俟終日. 小吏爲盜, 百司爲羣, 入據心胸, 賊盡國脉, 則不啻攘竊神祇之犧牷牲, 法官莫敢問, 司寇莫之詰, 或有一介司員, 稍欲糾察, 則譴罷在其掌握, 衆官束手, 僅喫饋廩, 唯唯而退. 斯豈無所恃而跳梁橫恣, 若是其無忌耶? 楚王所謂盜有寵, 不可得去者, 此也. 各存狡兔之三窟, 以備川蚌之介甲, 潛懷蠱毒, 妻斐百端. 人不能治, 法不能加, 作爲城之鼠, 已不能燻灌. 抑爲三窟者, 果何人耶? 作爲介甲者, 其無罰乎? 殿下赫然斯怒, 一振乾綱, 面稽宰執, 以究其故, 斷自宸衷, 如大舜之去四凶, 孔子之誅少正卯, 則能盡惡惡之極, 而大畏民志矣. 若言官論執不已, 迫於不得已, 而後, 黽勉苟從, 則不知善惡之所在, 是非之所分, 失其爲君之道矣. 焉有君失其道, 而能治人者乎? 故我之明德旣明, 則如鑑在此, 物無不照, 德威所加, 草木皆靡, 況於人乎? 群下股慄兢惕, 奔走承命之不暇, 庸有一寸容奸之計乎? 亂政大夫, 猶有常刑, 夫以尹元衡之勢, 而朝廷克正之. 況此狐狸鼠雛, 腰領未足以膏齊斧乎? 雷雨一發, 天地作解, 此之謂身修於上而國治於下者也. 布列王國者, 誰非命世之佐? 誰非夙夜之賢耶? 奸臣軋己, 則去之, 奸吏蠹國, 則容之, 謀身而不謀國, 靡哲不愚, 以樂居憂, 斯豈人謀之不競耶? 若有天之所命, 人不能勝天而然耶? 臣索居深山, 俯察仰觀, 嘘唏掩抑, 繼之以淚者, 數矣. 臣之於殿下, 無一寸君臣之分, 何所感於君恩, 齎咨涕洟, 自不能已耶? 交淺言深, 實有罪焉. 獨計身爲食土之毛, 尙爲累世之舊民, 忝作三朝之徵士, 猶可自比於周燮, 可無一言於宣召之日乎? 臣之前日所陳救急之事, 尙未聞天意急急如救焚拯溺. 應以爲老儒賣直之說也, 未足以動念也. 況此開陳君德者, 不過古人已陳之塗轍, 然不由塗轍, 則更無可適之路矣. 不明君德而求制治, 猶無舟而渡海. 祇自淪喪而已. 其機益急於前所陳者, 萬萬矣. 殿下若不棄臣言, 休休焉有容焉, 則臣雖在千里之外, 猶在机筵之下矣. 何必面對老醜, 而後曰用臣乎? 抑又聞, 事君

者, 量而後入. 實未知殿下爲何如主也. 若不好臣言, 徒欲見臣而已, 則恐爲

葉公之龍也. 請以今日睿鑑之明暗, 卜爲來日治道之成敗, 伏惟上察. 謹疏.

음식을 내려 주신 은혜에 감사드리는 상소문   謝宣賜食物疏

융경隆慶 5년(1571), 조봉대부朝奉大夫 전前 수종친부 전첨守宗親府 典籤[1] 조식은 진실로 황공하여 머리를 조아리고 머리를 조아리며 주상 전하께 사은謝恩하나이다. 지난 4월에, 신에게 음식을 하사하시는 하교下敎를 받았는데, 신같이 어리석은 늙은이가 어떻게 임금의 은혜를 받겠습니까?

엎드려 생각하옵건대 성상께서는 구중궁궐에 계시고 백성이 사는 초야는 천리나 멀건만, 불쌍히 여기는 은택이 먼 곳에도 이르지 않음이 없어서 먼저 늙은 백성인 신에게 미쳤으니, 신은 비록 결초보은結草報恩하고자 해도 보답하기 어렵습니다. 혼자 생각건대 선비가 길에 버려져 있는 것은 나라를 다스리는 사람의 수치입니다. 전하께서는 그 근심을 자신의 일이라고 생각하셨지만, 신은 제 개인의 고마운 마음을 이루 감당하지 못하겠습니다. 비유하자면, 한 포기의 풀이 우로雨露를 받아먹고 살지만, 조물주에게 우러러 고맙다고 할 방법이 없는 것과 같습니다. 그런데도 변변치 않은 조그마한 성의로 우러러 감사드리기를 마지 못하는 것은, 성상께서 이미 외로운 사람에게 은혜를 내려 주셨으니, 신이 보잘 것 없는 정성을 바치지 않을 수 없기 때문입니다. 옛말에 "대답하지 않아도 되는 말은 없고, 보답하지 않아도 되는 덕은 없다"[2]라고 하였습니다. 공손히 한 마디 말을 아뢰어서 남다른 은혜에 보답하려 합니다.

---

1) 전첨典籤 : 전첨은 종친부의 정4품의 벼슬이다. 종친부는 역대 임금의 계보系譜와 초상肖像을 보관하고, 임금과 왕비의 의복을 관장하는 관아다.
2) 옛 말에 … 없다 : 『시경』 대아大雅 「억抑」에 나오는 말로, 여기에서는 임금이 자신에게 음식을 내려 주셨으니, 그것에 보답해야 한다는 뜻으로 이끌어다 썼다.

남명의 산문선

엎드려 살펴보니, 전하의 나라 일이 이미 글러 한 가닥도 손댈 곳이 없는데, 모든 관원은 둘러서서 보기만 하고 구원하지 않습니다. 이미 어떻게 할 수 없음을 알고, "어떻게 해야 할까?"라고 생각도 하지 않은 지가 오랩니다. 만약 전하께서 보고서도 알지 못하신다면 밝음이 가리운 데가 있는 것이고, 알고서도 바꿀 생각이 없으시면 나라에 주인이 없는 것입니다. 지난해에 신이 두 번이나 거친 글을 올려서, 헤아릴 수 없이 커다란 임금의 위엄으로써 진작시키지 않으면 백 가지로 헝클어져서 싸라기 죽 같이 된 형세를 구제할 방법이 없으며, 큰 장맛비로 적셔 주지 않으면 7년 가뭄에 시들어진 풀을 윤기가 나게 할 방법이 없다고 말씀드렸습니다.[3] 지금 말씀드린 지 여러 해가 지났습니다만, 전하께서 바삐 은혜와 위엄을 내리셔서 기강을 세웠다는 것은 듣지 못했습니다.

위엄을 내리고 복을 주는 권한이 내 몸에 있건마는 친히 거두어 살펴보시지 아니하시고, 오히려 신하가 강하다는 말씀만 내리시어, 임금께 과감하게 말씀드리지 못하도록 했습니다. 그리하여 여러 신하가 해이하여 아무 근심 걱정 없이 지내므로, 나라가 마침내 기강을 잃어서 지금에 이르렀습니다. 늙은 신은 한갓 우로雨露와 같은 은택을 입은 것에 감사드릴 뿐이요, 전하의 성덕이 부족함을 보필할 길이 없어, 삼가 '군의(君義 : 임금이 정의를 실천해야 한다)'라는 두 글자를 바치니, 몸을 닦고 나라를 정돈하는 근본으로 삼으시길 바라옵니다. 엎드려 바라옵건대, 잘 살피시옵소서. 신은 절하옵고 머리 조아리면서 죽음을 무릅쓰고 사은하나이다.

임금께서 비답하여 말하기를, "올린 상소문을 살펴보건대, 그대가 나라를 걱정하는 정성을 볼 수 있노라. 초야에 있으면서도 조금도 잊지 않으

---

3) 지난해에 … 말씀드렸습니다 : 남명이 1568년(선조 1) 5월 26일에 올린 「무진봉사戊辰奉事」에 나오는 말이다.

니, 매우 가상하다. 하사한 물품은 보잘것없는 것이니 사례할 것이 뭐 있
겠는가? 그대는 사양하지 말라"하였다.

융경 5년 6월 ○일.

· 해설 : 나라의 기강을 바로잡는 일은 임금만이 할 수 있으니, 임금이 정의를 실
　　　　천하여 인재를 바로 알아서 등용해야 국가가 잘 될 수 있다는 뜻을 담은
　　　　건의를 하였다.

◎ 原文

謝宣賜食物疏

隆慶五年五月十五日, 朝奉大夫前守宗親府典籤臣曹植, 誠惶誠恐, 頓首
頓首, 謝恩于主上殿下. 伏蒙去四月敎, 賜臣以食料者, 如臣愚老, 顧何以承天
寵乎? 伏惟, 天日隔於九重, 草澤遙於千里, 如傷之恩, 無遠不屆, 先及於老民,
老民雖欲結草而難報. 獨念, 士橫道而僵, 有土之羞也. 殿下自任其憂, 臣不任
私謝, 比猶一草添濡, 無以仰謝天工, 猶且區區小誠仰謝不已者, 聖上旣下惠
鮮之恩, 微臣敢無芹曝之獻乎? 無言不酬, 無德不報, 古有說矣, 恭陳一辭, 進
爲殊恩之報. 伏見, 殿下之國事已去, 無一線下手處. 諸臣百工, 環視而莫救,
已知無可柰何, 不曰如之何者, 久矣. 若殿下視而不知, 則明有所蔽矣. 知而罔
念, 則國無主矣. 往年, 臣嘗再陳荒疏, 以爲非振之以不測之威, 無以濟百散糜
粥之勢, 非潤之以大霖之雨, 無以澤七年枯旱之草, 于今有年月矣. 未聞殿下
亟下恩威, 以立紀綱, 威福在己, 而不自惣攬, 尙下臣强之敎, 使不得敢言. 群
下解體, 泛泛悠悠, 邦遂喪越, 至于今. 老臣徒謝雨露之恩, 而無以補天之漏,
謹以君義二字, 獻爲修身整國之本. 伏惟睿鑑. 臣植, 拜手稽首, 昧死以謝.

서 書

퇴계에게 답함 答退溪書

하늘에 있는 북두성北斗星처럼 평소 우러러보았고, 책 속에 있는 성현聖賢처럼 까마득히 만나기 어렵다고 생각했습니다. 그런데 문득 간절한 뜻으로 깨우쳐 주신 편지를 받고 보니, 저의 문제점을 다스릴 약이 될 말씀이 넓고도 많아, 아침저녁으로 만나던 사이 같았습니다.

저처럼 어리석은 사람이 어찌 자신을 아끼는 것이 있겠습니까?[1] 단지 헛된 이름을 얻음으로써 한 세상을 크게 속여 임금님에게까지 잘못 알려지게 된 것입니다. 남의 물건을 훔치는 것도 도둑이라 하는데, 하물며 하늘의 물건[2]을 훔치는 데 있어서이겠습니까? 이 때문에 몸 둘 바를 모르고 두려워하며 날마다 하늘의 꾸지람을 기다렸는데, 과연 하늘의 꾸지

---

1) 식植과 … 있겠습니까? : 자신이나 깨끗이 하며 끝까지 출사出仕하지 않겠다는 것이 아니라는 말이다. 『퇴계선생문집退溪先生文集』 권10에 실려 있는, 계축년(명종 8. 1553)에 퇴계가 남명에게 보낸 편지인 「여건중서與曺楗仲」를 보면, 퇴계는 전생서주부典牲署主簿에 제수된 남명에게 벼슬에 나올 것을 권유하고 있다.

2) 하늘의 물건 : 도덕이 훌륭하다는 명망을 말한다. 벼슬자리에 나아갈 만한 덕이 없는데도 천거되었기 때문에 하늘의 물건을 훔치는 것이라고 말한 것이다.

람3)이 이르렀습니다.

지난겨울에 한달 남짓 허리와 등이 쑤시고 아프더니, 갑자기 오른쪽 다리를 절게 되었습니다. 이제는 행인들 틈에도 끼일 수 없게 되었으니, 평지를 걷고자 한들 어찌 그럴 수 있겠습니까? 이에 남들이 모두 저의 단점을 알게 되었고, 저 또한 남들에게 저의 단점을 숨길 수 없게 되었습니다. 비웃고 탄식할 만한 일을 어찌 감당하겠습니까?

다만 생각건대, 공은 서각犀角을 태우는 듯한 명철함4)이 있지만, 저는 동이를 이고 있는 듯한 탄식5)이 있습니다. 그런데 오히려 아름다운 문장이 있는 곳6)에서 가르침을 받을 길이 없군요. 게다가 눈병까지 있어 앞이 흐릿하여 사물을 제대로 보지 못한 지가 여러 해 되었습니다. 현명하신 그대께서 발운산撥雲散7)으로 눈을 밝게 열어 주시지 않겠습니까? 삼가 헤아려 주시기 바랍니다. 멀리서 편지를 통해 말씀을 드리는데, 초엽蕉

---

3) 하늘의 꾸지람 : 그만한 덕이 없으면서 명망을 얻었기 때문에 하늘이 벌을 내렸다는 뜻인데, 구체적으로는 뒤에 보이는 '허리와 등이 쑤시고 다리를 절게 되었다'는 말을 가리킨다.

4) 서각犀角을 … 명철함 : 혼미昏迷한 가운데서도 사리事理를 명확히 분별할 수 있는 명석한 판단 능력을 가리킨다. 서각犀角은 물소의 뿔이다. 『진서晉書』「온교열전溫嶠列傳」에 "온교溫嶠가 무창武昌에서 돌아오다 우저기牛渚磯에 이르렀는데, 수심水深을 헤아릴 수 없었다. 세상 사람들은 그 물 속에 괴물이 많다고 하였다. 그러자 온교가 서각을 태워 물 속을 비추어 보았는데, 괴물의 기이한 형상이 마치 수레를 타고 붉은 옷을 입은 것 같았다"라는 이야기가 실려 있다.

5) 동이를 … 탄식 : 동이를 이고 있어 하늘을 볼 수 없듯이, 세상사를 올바로 바라볼 수 있는 명철한 판단력이 없다는 뜻이다. 『한서漢書』「사마천열전司馬遷列傳」에 "저는 생각건대 동이를 이고 있는 것과 같으니, 어떻게 하늘을 바라볼 수 있겠습니까?"라는 구절이 있다.

6) 아름다운 … 곳 : 여기에서는 퇴계退溪를 가리키는 말이다.

7) 발운산撥雲散 : 눈앞의 흐릿한 것을 제거해 주는 안약眼藥을 가리킨다.

남명의 산문선

葉[8]처럼 보잘것없는 생각인들 어찌 조금이나마 드러낸 것이 있겠습니까?
삼가 절합니다.

• 해설 : 나라에서 남명을 전생서典牲署 주부主簿에 임명하였으나 벼슬에 나오지
  않자, 퇴계가 편지를 먼저 보내어 벼슬에 나올 것을 권유하였다. 그러나
  자신은 벼슬을 받을 만한 실력도 없는데도, 세상 사람들로부터 덕이 있는
  사람으로 인정받아 세상을 속이며 살고 있다고 답하였다. 진실하게 살아
  가려는 남명의 준엄한 태도를 볼 수 있다.

◎ 原文

答退溪書(退溪姓李名滉字景浩)

平生景仰, 有同星斗于天, 曠世難逢, 長似卷中人. 忽蒙賜喩勤懇, 撥藥弘
多, 曾是朝暮之遇也. 植之愚蒙, 寧有所靳也. 只以構取虛名, 厚誣一世, 以誤
聖明. 盜人之物, 猶謂之盜, 況盜天之物乎? 用是, 踽踖無地, 日俟天誅, 天譴
果至, 忽於去年冬, 腰脊刺痛, 月餘, 右脚輒蹇, 已不得齒行人列. 雖欲踏履平
地上, 寧可得耶? 於是, 人皆知吾之所短, 而僕亦不能藏吾之短於人矣. 堪可
笑嘆. 第念, 公有燃犀之明, 而植有戴盆之嘆, 猶無路承敎於懿文之地. 更有
眸病, 眯不能視物者, 有年. 明公, 寧有撥雲散, 以開眼耶? 伏惟, 鑒察. 遙借
紙面, 詎能稍展蕉葉乎? 謹拜.

---

8) 초엽蕉葉 : 납작하고 밑이 얕아 술이 조금밖에 들어가지 않는 작은 잔을 일컫
   는 말이다.

퇴계에게 드림 與退溪書

평생 마음으로만 사귀면서 지금까지 한번도 만나질 못했습니다. 앞으로 이 세상에 머물 날도 얼마 남지 않았으니, 결국 정신적으로 사귀고 말 것인지요? 인간의 세상사에 좋지 않은 일이 많지만, 어느 것 하나 마음에 걸릴 것이 없는데, 유독 이 점이 제일 한스러운 일입니다.

선생께서 한번 의령宜寧1)으로 오시면2) 쌓인 회포를 풀 날이 있으리라 매번 생각하고 있었는데, 아직까지도 오신다는 소식이 없으니, 이 또한 하늘의 처분에 모두 맡겨야 하겠습니다.

요즘 공부하는 자들을 보건대, 손으로 물 뿌리고 비질하는 절도3)도 모르면서 입으로는 천리天理를 담론하여 헛된 이름이나 훔쳐서 남들을 속이려 하고 있습니다. 그러나 도리어 남에게 상처를 입게 되고, 그 피해가 다른 사람에게까지 미치니, 아마도 선생 같은 장로長老께서 꾸짖어 그만두게 하지 않기 때문일 것입니다. 저와 같은 사람은 마음을 보존한 것이 황폐하여 배우러 찾아오는 사람이 드물지만, 선생 같은 분은 몸소 상등의 경지에 도달하여 우러르는 사람이 참으로 많으니, 십분 억제하고 타이르심이 어떻겠습니까? 삼가 헤아려 주시기 바랍니다. 이만 줄입니다.

갑자년(1564) 9월 18일 못난 동갑내기 건중楗仲 드림.

---

1) 의령宜寧 : 경남에 있는 고을 이름. 퇴계의 처가 허씨許氏 집안이 의령에 살았다.
2) 선생께서 … 오시면 : 『퇴계선생문집』 권10에 실려 있는, 계축년에 퇴계가 남명에게 답한 편지에 보면, 처가가 있는 의령으로 가게 되면 서로 만날 수 있으리라고 한 말이 있기 때문에 그렇게 말한 것이다.
3) 손으로 … 절도 : 『소학小學』에 나오는 '쇄소응대진퇴지절灑掃應對進退之節', 곧 물 뿌리고 비로 쓸어 집 안팎을 깨끗이 청소하는 생활 자세, 웃어른의 부름에 달려가거나 응대하고 예절, 자리에 나아가고 물러나는 예절 등을 가리킨다.

•해설 : 당시 조선의 학문이 너무 현실과 동떨어진 성리설性理說에 관심을 두고
  있는 상황을 우려하여 퇴계에게 편지를 보내어 그런 사람들을 타일러서
  바로잡아 주기를 간곡히 바라고 있다.

◎ 原文

與退溪書

百年神交, 直今違面. 從今住世, 應無幾矣. 竟作神道交耶? 人間無限不好
事, 不足掛懷, 獨此第一含恨事也. 每念先生一向宜春, 猶有解蘊之日, 尙今
未焉. 斯亦幷付之命物者處分矣. 近見學者, 手不知洒掃之節, 而口談天理,
計欲盜名, 而用以欺人, 反爲人所中傷, 害及他人. 豈先生長老, 無有以呵止
之故耶? 如僕, 則所存荒廢, 罕有來見者. 若先生, 則身到上面, 固多瞻仰, 十
分抑規之如何? 伏惟, 諒察, 不宣. 甲子季秋十八日, 甲末檻仲

오 어사에게 줌(어사의 이름은 건健[1]이다)　　與吳御史書

내가 사람들을 만나 본 것이 적지 않은데, 유독 선생[2]에 대해서 출처出處[3]의 뜻으로 권면하는 것은, 전에 그대가 밥 먹는 것을 보니 등줄기를 따라 내리지 않고 식도食道를 따라 내리기 때문입니다.[4] 시사時事가 두려워할 만하다는 것은 어리석은 부인들도 알고 있습니다. 선생은 본래 식견이 높지 않은데 지금 그 판국 안에 나아가 있으니, 소견이 벌써 어두워졌을 것입니다. 명사名士들은 날로 나아가기만 하고, 멀리 떠나 피할 줄은 모르고 있습니다.

젊은 사람들이 성리性理를 말하면, 문득 그들을 대하여 자신은 종장宗匠이 된 사람처럼 말을 합니다. 그리하여 명망이 갑자기 무거워져서 사람들이 모두 그를 보중保重하니, 도피하려 해도 도피할 곳이 없게 되었습니다. 마치 놓친 돼지를 뒤쫓듯이 대중들이 모두 그를 좇고 있으니, 끝내 어느 곳에 몸을 두겠습니까?

성性과 천도天道는 공자孔子 문하에서 드물게 말하던 것입니다.[5] 화정

---

1) 건健 : 오건(吳健, 1521~1574)은 남명의 제자로 자는 자강子强, 호는 덕계德溪이다. 문과에 급제하여 사간원정언司諫院正言, 이조정랑吏曹正郎 등을 역임했다.
2) 선생 : 이 편지에서 남명은 오건에 대해 '선생先生'과 '그대[君]'라는 표현을 혼용하고 있는데, 여기서의 '선생'은 스승의 의미라기보다는 상대방을 높여 주기 위해 쓴 칭호이다.
3) 출처出處 : 세상에 나아가 벼슬하는 것[出]과 나아가지 않고 초야에 은거하는 것[處]을 말한다.
4) 등줄기를 … 때문입니다 : 출처出處의 문제에 있어 지절志節을 따르지 않고 사욕私慾을 따른다는 뜻을 밥 먹는 것에 비유해 쓴 말이다.
5) 성性과 … 것입니다 : 『논어』「공야장公冶長」에 "선생님께서 성性과 천도天道에 대해 말씀하시는 것을 들을 수 없었다[夫子之言性與天道 不可得而聞也]"라는

남명의 산문선

和靜6)이 이에 대해 설을 내자, 정선생程先生7)이 경박한 설을 함부로 내지 말라고 저지하였습니다. 그대는 요즘의 선비들을 살펴보지 않았습니까? 손으로 물 뿌리고 비질하는 절도도 모르면서 입으로 천상天上의 이치를 말하는데, 그들의 행실을 공평히 살펴보면 도리어 무지한 사람만도 못합니다. 이 점에 대해서 반드시 다른 사람의 꾸지람이 있어야 한다는 것은 의심할 나위도 없습니다. 이런 때에 과연 현자의 지위를 외람되게 차지하고서 허위의 우두머리가 되어야 하겠습니까?

고정考亭8)처럼 어진 분도 참수斬首하라는 설9)이 있음을 면치 못하였는데, 하물며 인심이 지극히 간교한 우리나라에 있어서이겠습니까? 앞 시대 한훤당寒喧堂10)과 효직孝直11) 같은 분들도 모두 선견지명이 부족했는데, 하물며 나와 그대들 같은 사람이겠습니까? 이런 시국에는 거짓 미친 척하여 자신을 더럽히더라도 화를 면하기 어려울 듯합니다. 『주역』에 "군자가 벼슬에서 물러나 삼 일 동안 밥도 못 먹고 곤궁하게 지내다 떠나갈 채비를 차리자, 주인이 말을 한다"12)고 하였습니다. 떠나간다고 주인이

구절이 있다.
6) 화정和靜 : 송나라 때 정이程頤의 문인이었던 윤순尹焞을 가리킨다.
7) 정선생程先生 : 송나라 때 유학자인 정이程頤를 가리킨다.
8) 고정考亭 : 송나라 때 유학자인 주희朱熹의 호이다.
9) 참수斬首하라는 설 : 송나라 영종寧宗 초기에 심계조沈繼祖·호광胡紘·유덕수劉德秀 등이 주희를 탄핵하여 참수할 것을 상소한 이른바 경원지당화慶元之黨禍를 가리킨다.
10) 한훤당寒喧堂 : 김굉필金宏弼의 호이다.
11) 효직孝直 : 조광조趙光祖의 자이다.
12) 군자가 … 한다 : 『주역』 명이괘明夷卦 초구효初九爻 효사爻辭에 보이는 말이다. 이 말은 군자가 세상이 어지러워질 것을 미리 보고 벼슬에서 물러나 삼 일 동안이나 굶으며 곤궁하게 지내다 떠나가려 하자, 군주가 그가 떠나가는 것을 옳지 못하다고 말을 한다는 뜻이다.

비난을 하더라도, 함께 앉아 화를 기다릴 자가 누가 있겠습니까?

더구나 내간內間의 일13)은 그대도 잘 모를 것입니다. 내가 당일 입대入對할 적에,14) 아뢴 말이 간략하지 못하고 번잡함을 오히려 한탄했습니다. 그리고 나는 선비들을 만나면서 언사言辭와 안색顔色을 거짓으로 꾸민 적이 없었습니다. 다만 항지恒之15)를 만났을 때, 그가 의논하는 것을 듣고서 마음속 깊이 승복되지 않아 머리를 끄덕이려 하지 않았습니다. 술에 취하고 나서야 그의 팔을 당겨 손을 잡고서 "이 팔은 튼튼하기도 한데, 자네는 어찌하여 자네의 우각牛角16)을 드러내지 않아 이런 부끄러운 일을 함께 만났는가? 자네는 으뜸가는 도적이고, 나는 그 다음 가는 도적이니, 이런 도적이 어찌 남의 집 담장을 뚫거나 넘어서 들어가는 좀도둑과 비교할 수 있겠는가?"라고 하였습니다. 그리고 문득 허리띠를 묶고 잔에 술을 가득 채우고서 "도적은 도망을 잘 치는 법이니, 두 도적 중에 먼저 도망치는 도적이 있을 것이다"라고 하면서, 멋대로 농담을 주고받으며 법도를 따르려 하지 않았습니다. 참으로 어지러이 세상 사람들과 뒤섞여 술자리에 있는 다른 사람들과 다름이 없고자 하였습니다.

나를 지목해 말과 태도가 거만하다고 하는 것이 바로 이 우각牛角에 대한 희롱입니다. 주공周公보다 낫다고 말하는 것17)이 과연 참말입니까? 술에 대취하기 전 큰 굿판을 빠져 나오지 못한 것이 한스럽습니다. 선비들

---

13) 내간內間의 일 : 여기에서는 궁중의 일을 가리킨다.
14) 내가 … 적에 : 병인년(명종 21. 1566) 10월 남명이 성운成運·이항李恒 등과 함께 경학經學에 밝고 행실이 깨끗한 선비로 천거되어 상경해 명종明宗을 배알했는데, 그 때를 가리키는 듯하다.
15) 항지恒之 : 이항(李恒. 1499~1576)의 자이다.
16) 우각牛角 : 자기의 주장이나 태도를 일컫는 말이다.
17) 주공周公보다 … 것 : 누구를 두고 하는 말인지 자세치 않으나, 당시의 선비들이 남명을 두고 한 말인 듯하다.

남명의 산문선

의 소견이 이와 같으니, 대체로 그 사람들을 대강 상상해 볼 수 있습니다. 나는 평생 다른 기예技藝는 배우지 못했고, 혼자 책만 보았을 뿐입니다. 입으로 성리性理를 말하고자 한다면 어찌 남들보다 못하겠습니까마는, 오히려 그 점에 대해 기꺼이 말하고 싶지 않았습니다.

그대는 매양 기미를 살피지 못하니, 하루아침에 화란禍亂이 발생하면 피하기 어려울 듯합니다. 붕우 사이에는 선善으로 권면勸勉해야 하는데, 나는 지금 선생에게 화禍로써 분부하고 있으니, 분부하는 것이 도리어 선하지 못합니다. 얼굴을 마주하고 토의할 길이 없어 안타까운 마음만 더할 뿐입니다. 삼가 헤아려 주기 바랍니다.

내가 일찍 그대에게 작은 고을로 물러났다가 그만두라고 권유하였는데, 지금은 그렇지 않습니다. 그대는 벌써 대단한 명망名望을 얻었으니, 고을을 다스리게 되면 그곳 사람들이 반드시 그 점을 생각할 것입니다. 따라서 한층 더 진가를 발휘해야 할 것이니, 물러나는 것은 더욱더 나아가는 것이 될 것입니다. 모두 의義를 헤아리는 것이 어떠한가에 달려 있습니다. 병□년 섣달 10일.18)

• 해설 : 남명이 1566년 10월 서울로 올라가 명종을 만나고 돌아온 뒤 제자 덕계
    德溪 오건吳健에게 보낸 편지다. 출처出處를 올바로 할 것과 당시 학문이
    허황한 방향으로 흐르는 것을 개탄하고, 동시대 학자로 친구인 일재一齋
    이항李恒이 학문으로 스승인 채 하는 태도에 우려를 표시했다. 남명의 실
    천적 학문 경향이 여기에도 잘 나타나 있다.

---

18) 병□년 … 10일 : 이 편지는 병인년(명종 21. 1566) 10월 남명이 서울에 올라가
    입대入對하고 내려온 뒤에 쓴 것이다.

◎ 原文

與吳御史書(御史名健字子强)

老夫閱人, 非不多矣, 獨於先生, 勉以出處之義者, 嘗見君喫飯, 不從胅脊背, 從肚裏下也. 時事倪倪, 愚婦猶知之. 先生本不見高, 方在局中, 所見已昧. 名士日造, 猶不知邁邁走避, 年少談理, 奄然當之, 若爲宗匠然者, 名旣忽重, 人皆保之, 逃無所往, 如追放豚, 衆皆逐之, 畢竟, 置身於何地耶? 性與天道, 孔門所罕言, 和靖有說, 程先生止以莫要輕說. 君不察時士耶? 手不知洒掃之節, 而口談天上之理, 夷考其行, 則反不如無知之人, 此必有人譴, 無疑矣. 當此時, 果儼然冒居賢者之位, 以作虛爲之首耶? 雖以考亭之賢, 猶不免乞斬之說, 況我偏邦耶? 人心極巧, 前日寒暄孝直, 皆不足於先見之明, 況我與君輩乎? 於此而雖使佯狂自汚, 恐難免也. 易曰, "三日不食, 有攸往, 主人有言", 主人雖或有言, 孰與坐而待之者乎? 且內間之事, 君亦不能知, 當日入對, 猶恨所奏冗而不略也. 又未嘗與士子假以辭色, 但對恒之, 聞其所論, 心甚不服, 不肯俯首. 及醉, 引臂握手曰, "此臂敦篤, 汝何不爲汝之牛角, 幷逢此板板之事乎? 汝爲上賊, 吾爲副賊, 此賊, 豈比穿窬之類耶?" 忽縛帶引滿曰, "賊必善逃, 兩賊, 恐有先逃者也." 雜以豁豁長譃, 不肯入繩律之內, 固欲溷溷處世, 無異於杯酒間人也. 指我爲言貌之慢者, 乃此牛角之戲也. 其曰, "周公之過者" 果眞語耶? 酒未大醉, 恨未得大儺而出. 士子之見, 如此, 盖亦槩想其人矣. 僕平生不執他技, 只自觀書而已, 口欲談理, 豈下於衆人乎? 猶不肯屑有辭焉. 君每不察, 雖然, 一朝禍發, 恐難逭也. 朋友相及以善, 吾今分先生以禍, 還是所分之不善矣. 無緣面討, 祗增慨慨. 伏惟, 鑒察. 曾勸以退一小縣而止, 於今非也. 君已做重名, 作縣, 民必思之. 更買一格長價, 其退益進, 皆在量義, 如何? 丙臘初十(恐丙寅也).

성 청송에게 답함 答成聽松書

올해 11월에 고을 사람 송함宋瑊이 공께서 8월에 부치신 편지와 벗들과 함께 읊으신 시를 전해 왔습니다. 이십 년 전에 소식이 끊어졌다가 이제 비로소 연락이 왔는데, 모두 손에 가득 움켜쥔 명월주明月珠 같아 내려주신 은혜를 받고 기쁘기 한량없었습니다. 매번 대부인大夫人께서 강녕하시다는 소문을 들었는데, 다시 만수무강하시기를 빕니다.

저도 아직 목숨을 보전하고 있습니다만, 머리가 하얗게 희었습니다. 성대한 이름만 훔쳐 높으신 공의 고아한 풍도風度에 누를 끼쳤으니, 스스로를 속였을 뿐만이 아니어서 더욱더 죄스럽고 부끄럽습니다. 건숙健叔[1] 이 자신을 드러내지 않고 학문에 잠심潛心하여 일찍이 남에게 보증을 받지 않았음을 칭탄稱歎하면서, 저 자신은 세상에 이름을 팔아 군자를 크게 속였으니, 그 사람을 볼 면목이 없습니다.

요구하신 사언시四言詩를 화답해 올립니다. 시를 읊조리는 일은 완물상지玩物喪志[2]하게 만드는 유혹물일 뿐만 아니라, 식植에게 있어서는 매양 끝없이 교만해지는 죄를 더하는 것이라고 일찍이 생각했습니다. 이 때문에 시를 읊지 않은 지가 거의 수십 년이나 됩니다. 이제 멀리서 하명下命하심을 다행히 입었으니 간과 폐를 나누더라도 아까울 것이 없는데, 하물며 종이쪽지에 몇 글자 시를 써서 올리는 데 있어서이겠습니까? 다만 공께서 읊으신 시를 보지 못한 것이 한스러울 뿐입니다. 문사文辭가 졸렬

---

1) 건숙健叔 : 남명의 절친한 친구 성운成運의 자이다.
2) 완물상지玩物喪志 : 쓸 데 없는 물건을 가지고 노는 데 정신을 빼앗겨 소중한 자기의 심지心志를 잃게 된다는 뜻이다.

하다는 것으로 꺼리신다면, 시를 잘 짓는 사람을 불쌍히 여기시는 평소의
뜻이 아닙니다.

임자년(1552) 11월 일.

- 해설 : 어릴 적 친구 청송聽松 성수침成守琛이 시를 지어 보내달라는 것에 답한
  편지다. 시에 대한 남명의 부정적인 사고가 잘 나타나 있는 중요한 편지
  이다.

◎ 原文

答成聽松書

是歲十一月, 邑人宋城, 傳公八月玉札, 幷與諸公所詠, 二十年前, 不通消
息, 於今始達, 摠是滿掬明珠, 受賜無量. 每聞大夫人康寧, 旋祝萬壽. 植亦尙
保性命, 霜雪滿頂, 盜取盛名 以累尊公之雅, 非但自誣而已, 益自罪愧, 更歎
健叔之藏修不露, 曾未見保於人, 而愚獨自衒於世, 厚誣君子, 吾無以見此人
矣. 所索四言詩, 和上. 嘗以哦詩, 非但玩物喪志之尤物, 於植, 每增無限驕傲
之罪, 用是, 廢閣諷詠, 近出數十載. 今幸蒙有遠命, 雖分肝肺, 在所不惜. 短
此片紙尺字乎? 只恨公不以自詠見及, 若以辭拙爲嫌, 則公不是矜於工詩者
也. 此後消息, 漠如霄漢, 只增挑出相忘舊懷, 誠不堪自裁. 今此賣書歸者, 其
名元右釋, 曾自沙彌出家, 宋尙書獻叔名之曰右釋者, 乃謂前則釋也, 稍可與
傳信者. 借寄千里面目, 壬子十一月日

성 대곡에게 드림　與成大谷書

　　죽을 날이 눈앞에 닥쳤는데, 천리 밖의 서신이 한 달에 두 번이나 올 줄을 어찌 알았겠습니까? 이중선李仲宣은 세상에 보기 드문 아름다운 재주를 가진 사람입니다. 공과 나의 끊어지게 된 회포를 전해 주니, 이 또한 운수運數에 관계된 것인가요?

　　생각건대, 요즘 공의 건강이 여전하신 것 같습니다. 저도 아직 예전 모양을 유지하고 있습니다. 두 늙은이의 좋은 소식이 이 밖에 무엇이 더 있겠습니까? 새 사람이 옛 사람만 못하다는 말이 이제 더욱 가슴에 와 닿습니다. 공을 생각하는 것이 더욱 깊어질 뿐만 아니라, 죽음에 임박한 날 공이 끼쳐 주신 감화感化를 생각하면 다시는 다른 사람에게 조금도 바랄 것이 없습니다. 다만 이제 다 죽게 된 날, 서로 저버리지 않았다고 할 수 있겠습니다. 죽은 뒤 만나게 될 것이니, 오늘날 서로 가까이하지 못함을 어찌 근심하겠습니까?

　　저의 강계지성薑桂之性[1]은 늘그막에 이르러도 오히려 매워지기만 합니다. 밖에서 들려 오는 말이 아무리 많더라도 매양 차가운 웃음으로 흘려버립니다. 목을 잘리게 되더라도 전혀 애석해 하지 않을 것인데, 하물며 목을 잘리지 않는 데 있어서이겠습니까? 다만 몸가짐이 변변치 못해서 죄와 견책을 불러오고 말았습니다. 나의 처지에서 공을 보면, 공은 평생 동안 어찌 일찍이 한 사람이라도 공을 비방하는 사람이 있었습니까? 공께서 한 번도 견책을 받은 적이 없었던 것은 또한 어떻게 처신하셨기 때문입니

---

1) 강계지성薑桂之性 : 생강과 육계肉桂가 오래 묵을수록 맛이 더욱 매워지는 것처럼, 나이가 들수록 더욱 강직해지는 성품을 가리킨다.

까? 저의 경우는 심지어 함께 학문을 담론한 사람2)조차 서로 등을 돌리니, 어찌 사론私論에 음흉하고 간교함이 있는 것이 아니겠습니까?

온 조정이 첨예하게 대립하여 흑백黑白이 분명하고, 권문權門에 손을 뻗어 아래위를 위협해 검은 것을 희다고 하니, 옛날 권간權奸도 이보다 심하지는 않았습니다. 이른바 도학道學의 종사宗師라고 하는 사람이 과연 이와 같을 수 있습니까? 공이 아니라면 어찌 감히 이런 말을 하겠습니까? 시의時議가 이와 같으니, 어떻게 지하에서 눈을 감을 수 있겠습니까? 다시한번 손뼉을 치면서 탄식할 만합니다.

마른 해삼海蔘을 보내니, 물에 담가 오랫동안 삶은 뒤에 회를 만들어 드십시오. 그러나 이 물건이 어찌 늙은이의 이[齒]에 맞겠습니까?

• 해설 : 하음부河淫婦 사건으로 정신적 고통을 당하고 가까운 사이였던 구암龜巖 이정李楨과 사이가 좋지 않게 된 사연을 어릴 적 친구인 대곡大谷 성운成運에게 하소연하고 있다.

◎ 原文

與成大谷書

垂死之日, 非朝則夕, 寧知千里信書, 彌月再到耶? 今有李仲宣者, 乃翩翩間世之佳才也, 能傳公我將絶之懷, 斯亦關數耶? 想得邇來起居依舊, 僕亦猶帶舊樣. 兩老好消息, 此外, 何加焉? 新人不如舊人, 於今益信. 非但思公益深, 垂死之日, 每憶薰染之賜, 更無一寸有望於他人, 直今歸化之日, 可謂無相負矣. 死者有知, 何虞今日之相礙耶? 僕薑桂之性, 到老猶辛, 外來之言, 雖

---

2) 함께 … 사람 : 구암龜巖 이정李楨을 가리키는 듯하다.

남명의 산문선

或百車, 每付之一寒笑. 雖至於斷頭, 萬不顧惜. 況不至於斷頭乎? 但持行無似, 以致罪責. 自我視公, 公到百年, 何嘗有一人非公者乎? 公猶不曾一致誠責者, 抑何歟? 至與云云者相失, 夫豈有私論之陰譎也? 擧朝角立, 黑白昭昭, 而交手權門, 威制上下, 轉黑爲白, 雖古權奸, 蔑以加此. 所謂道學宗師者, 果如此乎? 非公, 何敢及此? 時議若此, 何以瞑目於地下乎? 旋復拍手拍手. 乾海蔘送上, 沈水, 久烹作膾, 然此豈合於老齒耶?

인백에게 답함(원주 : 인백은 김효원金孝元[1]의 자이다)　答仁伯書

지난해 사신으로 내려 왔다가 이 궁벽한 산골짜기를 방문하여 머물러 준 일은, 나에게는 옥을 받아 쥔 것처럼 소중했는데, 어떻게 마땅히 보답할 길이 없군요. 항상 아득한 밤하늘처럼 다시는 소식을 들을 길이 없으리라고 생각해 왔는데, 어찌 가슴 속에 있는 생각을 서로 말하는 것처럼 간절한 소식이 올 줄 생각이나 했겠습니까? 이 늙은이가 땅 속으로 들어갈 날이 멀지 않았지만, 오히려 인간사를 끊어 버릴 수 없다는 것을 바야흐로 알았습니다.

매양 생각건대, 오늘날의 학자들은 전혀 옛날 사람과 같지 않습니다. 송宋나라 때 현인들이 강구해 밝혀 놓은 것이 갖추어지고 극진해서, 물을 담아도 새지 않는 그릇처럼 빈틈이 없습니다. 따라서 후세의 학자들이 자기 뜻을 이루는 일은, 그것에 힘을 쓰는 것이 대충대충 하느냐, 힘써 하느냐에 달려 있을 따름입니다. 어찌 털끝만큼이라도 들어가는 길을 분간하지 못해 계단을 잘못 올라가는 일이 있을 수 있겠습니까?

이 늙은이는 자신의 일도 제대로 못하는데, 어찌 감히 남에게까지 미치겠습니까? 다만 공이 나를 깊이 생각해 주는데, 나는 집이 가난해서 아무 것도 공에게 줄 것이 없으니, 참으로 부끄러워할 만합니다.

생각건대 공은 타고난 성품이 온화하고 선량하니, 하나의 좋은 사람일 뿐만이 아닙니다. 물 뿌리고 비질하고 사람 대하는 것은 어려서부터 익숙히 익힌 일입니다. 공부가 이미 반 고개를 넘었으니, 이제 『대학大學』

---

1) 김효원(金孝元, 1542~1590) : 남명의 제자로 자는 인백仁伯, 호는 성암省庵, 본관은 선산善山이다.

을 가지고 공부를 하면서 틈틈이 『성리대전性理大全』을 한두 해 탐구해
보십시오. 항상 『대학』 한 집에만 출입하게 되면, 연燕나라에 가고 초楚나
라에 가더라도 본가本家로 돌아와 머물게 될 것입니다. 성인이 되고 현인
이 되는 것도 모두 이 집 안에서 벗어나지 않습니다. 회암晦菴이 평생 힘
을 얻은 것도 모두 이 책에 있었다고 하니,[2] 어찌 후세 사람들을 속이는
말이겠습니까?

　오늘날의 시속은 오염되고 훼손된 것이 매우 심하니, 천길 절벽처럼
우뚝하게 서서 머리가 쪼개지고 사지四肢가 분해되더라도 시속時俗에 따
라 변하지 않은 뒤에야 훌륭한 사람이 될 수 있을 것입니다.

•해설 : 제자 성암省庵 김효원金孝元에게 실천 위주의 공부를 하되, 『대학』 공부
　　　에 힘쓰기를 권하고 있다.

◎ 原文

答仁伯書(金孝元字)

　去年, 住節窮山, 如承拱璧, 無以藉當. 常意, 霄漢冥冥, 無路更聞. 豈料玉
音丁寧, 如在腹中相語? 方知老夫朝夕入地, 猶未斷了人間事也. 每念, 今之
學者, 全與古人不同. 宋時群賢, 講明備盡, 盛水不漏, 後之學者, 只在用力之
緩猛而已, 寧有一毫不分門路 誤陞階梯事乎? 老夫不任自家, 曷敢及人耶?
第承深眷, 家寒無以相寄, 方可羞也. 想, 公資器溫良, 非但一介好人, 洒掃應
對, 幼稚習慣事也. 已向六分路頭, 於今, 直把大學看, 傍探性理大全, 一二

---

2) 회암晦菴이 … 하니 : 회암晦菴은 송宋나라 때 학자인 주희朱熹의 호이다. 이
　　말은 『대학장구』 「독대학법讀大學法」에 보인다.

年, 常常出入大學一家, 雖使之燕之楚, 畢竟, 歸宿本家, 作聖作賢, 都不出此家內矣. 晦菴, 平生得力, 盡在此書, 豈欺後人耶? 如今時俗, 汚毀已甚, 要須壁立千仞, 頭分支解, 不爲時俗所移, 然後方可做成吉人.

진사 김 숙부에게 사례함(원주 : 숙부는 김우옹金宇顒의 자이다)

奉謝金進士肅夫

한漢·당唐 때의 유학자들은 도덕에 맞는 행실이 조금 있기는 하였지만, 도덕의 학문을 강구하지 않았다네. 염락濂洛의 어진 이들1)이 나온 이후로, 저술과 주석에 단계와 맥락이 해와 별처럼 밝아, 초학자들도 책을 펴면 이치가 환하게 나타날 걸세. 따라서 고명한 스승이 귀를 당겨 일러준다 하더라도 옛날 어진 이들의 가르침보다 조금도 낫지 못할 것이다. 어찌 맹자孟子가 살던 시대에 배우기를 구하면 스승 삼을 만한 사람이 많이 있다 한 것 정도일 뿐이겠느냐? 다만 학자들이 학문을 구하는 것이 정성스럽지 못할 따름이라네.

이 늙은이가 일찍이 지향할 바를 대략 알았으나, 옛날 어진 이들이 전한 말을 체득하지 못해 이처럼 용렬하게 되고 말았으니, 이도 내가 정성스럽지 못했기 때문이라네. 자네가 사서四書를 섭렵했으면서도 오히려 의심하는 바가 있으니, 정성이 독실하지 못해서인 듯하네. 이 늙은이에게 교학상장敎學相長할 힘이 조금 있기는 하지만, 어찌 주자周子2)·정자程子3)가 남긴 말에 털끝만큼이라도 더하는 것이 있을 수 있겠는가?

어록語錄과 『역경易經』 가운데는 난해한 곳이 있는데, 나도 억지로 그 뜻을 구하지 않고 모두 대수롭지 않은 말로 보아 넘긴다네. 이 또한 우물을 팔 때처럼, 처음에는 혼탁하지만 다 파고 나서 맑아진 뒤에는 은빛 물

---

1) 염락濂洛의 … 이들 : 염濂은 염락濂溪, 낙洛은 낙양洛陽으로, 송宋나라 때 염계濂溪의 주돈이周敦頤와 낙양洛陽의 정이程頤·정호程顥 등을 가리키는 말이다.
2) 주자周子 : 송宋나라 때 유학자 주돈이周敦頤를 가리킨다.
3) 정자程子 : 송宋나라 때 유학자 정호程顥·정이程頤를 가리킨다.

결이 또렷하게 빛나는 것과 같다네. 청컨대 한번에 다 얻으려 하지 말고, 여러 해 공력功力을 쌓아 날로 터득함이 있은 뒤에, 이 늙은이와 만나 절차탁마切磋琢磨하면 매우 다행이겠다.

나는 다음달에 나주羅州에 있는 자씨姉氏에게 가 보려고 한다.4) 자씨가 오는 가을 서울로 돌아가려 하는데, 근일 만나기를 청하기 때문이라네. 그대가 나를 보러 오더라도 좀 조용한 시간을 가질 수 없을 것이니, 몇 달 공부를 더 하다가 겨울에 오길 바라네. 한 열흘쯤 함께 지내다 보면 내가 그대에게 얻음이 있지 않으면, 그대가 혹 나에게 취할 것이 있을 테지.

산중에서 사장詞章을 익히는 것 또한 온당치 않네. 그대는 단지 나를 장로長老로 기대하는데, 내 어찌 허황한 사장을 지을 수 있겠는가? 그리고 손자니 할아버지니 하고 일컫는 것5)도 온당치 못하다네. 옛날 사람은 그렇게 부르지 않았다네.

건중楗仲은 급히 쓴다네.

• 해설 : 공부를 하는 데는 송나라 유학자들을 표준으로 삼아 독실하게 해나갈 필요가 있다는 점을 강조하고 있다.

---

4) 나주羅州로 … 한다 : 자씨姉氏는 이공량李公亮에게 시집간 남명의 누이를 가리킨다. 당시 생질 이준민李俊民이 어머니를 모시고 나주목사羅州牧使로 나가 있었는데, 이준민의 어머니가 서울로 가기 전에 남명을 한번 만나 보고자 하여 찾아간 것이다.
5) 손자와 … 것 : 김우옹金宇顒이 남명의 외손서外孫壻이기 때문에 조손祖孫 사이로 일컬은 것이다.

◎ 原文

漢唐諸儒, 粗有道德之行, 而未講道德之學. 濂洛諸賢以後, 著述輯解, 階梯路脈, 昭如日星, 初學小生, 開卷洞見, 雖明師提耳, 萬不能略加於前賢指南, 豈止如孟氏之時求而有餘師者乎? 但學者, 求之不誠耳. 老夫雖嘗粗知所向, 而不能體悉前賢所傳之語, 庸庸到此, 此是吾不誠之故也. 君旣聊涉四子之書, 而猶有所疑焉, 恐誠不篤也. 老夫雖或有一分相長之力, 能加絲髮於周程立言乎? 其中有語錄易經難解處, 吾亦不强求, 盡其閑語, 且如穿井, 初間污濁, 掘盡, 澄澈, 然後銀花子歷歷, 請勿欲一跳盡得, 累以歲月, 日有所得, 然後見與老夫切磋, 幸甚. 且來月, 欲往見羅州姊氏, 姊氏, 欲於來秋還京, 請與近日相見故也. 雖使見枉, 頗不從容. 請加數月之功, 冬間投我, 聊經一旬, 非我有得於君, 則君或有取於我矣. 山中詞, 亦未穩, 君只以長老期我, 何可作爲浮詞耶? 且稱孫稱祖, 不當, 古人不如是也. 健仲忙草.

유해룡[1]에게 줌   與柳海龍書

일찍이 나를 찾아 주었고, 이제 다시 편지를 보내 주니 참으로 감사합니다. 그대는 문장을 짓는 데 어찌 배우처럼 흉내만 냅니까? 문리文理가 이어지지 않을 뿐만 아니라, 조어造語가 문사文辭를 이루지 못합니다. 사람들이 나를 불러 놓고 귀머거리에게 함소咸韶[2]를 들려준다고 할 것입니다. 청컨대 『고문진보古文眞寶』 후집後集을 가져다 한두 해 배워 환골탈태換骨奪胎하기를 구하십시오. 그리하여 이 늙은이로 하여금 양공羊公의 소견이 되게 하지 말고, 그대로 하여금 양공羊公의 학鶴이 되게 하지 마십시오.[3]

또한 그대의 사람됨은 흡사 탐라산耽羅山[4]의 망아지 같으니, 굴레와 고삐를 매지 않으면 어떻게 잘 길들여진 준마駿馬가 될 수 있겠습니까? 강 너머에 유명중柳明仲[5]이라는 사람이 있는데 사람됨이 근후謹厚하니,

---

1) 유해룡 : 어떤 인물인지 자세치 않다. 이 편지 뒷부분에 강 건너 조계潮溪에 살던 유종지柳宗智에게 찾아가 배우라고 권하고 있으니, 현 하동군 옥종면에 살던 인물인 듯하다.
2) 함소咸韶 : 함咸은 요堯의 음악인 함지咸池이고, 소韶는 순舜의 음악으로, 모두 성왕聖王의 훌륭한 음악을 가리킨다.
3) 이 늙은이로 … 마십시오 : 옛날 양숙자羊叔子라는 사람이 학鶴을 가지고 있었는데 춤을 잘 추어 사람들에게 자랑을 했다. 어떤 사람이 구경을 하자고 하여 학을 데려왔는데, 학이 깃털을 세우고 춤을 추려 하지 않았다. 그래서 사람들이 '양공학羊公鶴'이라고 불렀다 한다. 이는 『세설신어世說新語』에 나오는 이야기로, 다른 사람에게 인재라고 추천했는데 추천된 사람이 그에 상응하는 능력이 없을 때, 비유적으로 일컫는 말이다. 즉 여기서는 남명이 사람들에게 유해룡을 칭찬했는데, 그것이 빈말이 되지 않도록 부지런히 정진하라는 뜻으로 쓰였다.
4) 탐라산耽羅山 : 제주도 한라산을 가리킨다.

남명의 산문선

그대가 찾아가 그를 따라 배우는 것이 어떻겠습니까?

· 해설 : 사람됨이 거칠고 겉멋만 들어 공부를 대충하고 있는 유해룡柳海龍에게
   따끔한 충고를 하고 있다. 글을 잘하기 위해서는 『고문진보』를 착실히 공
   부하라고 권하고 있다.

◎ 原文

與柳海龍書

曾蒙枉訪, 續之以玉音, 良謝. 君之爲文, 豈類俳優也? 但文理不續, 語不
成辭, 人且吹, 余謂聾者之咸韶, 請取眞寶文後集, 一二年業之, 要奪其胎以
換其骨. 毋使老夫作爲羊公之見, 而使君作爲羊公之鶴也. 且君之爲人, 政類
耽羅山馬駒, 不加羈靮, 何以成德驥也? 江表有柳君明仲者, 爲人謹厚, 請君
往從之, 何如?

---

5) 유명중柳明仲 : 명중明仲은 유종지柳宗智의 자이다.

송파자[1]에게 보임 示松坡子

옛날이나 지금이나 학문하는 사람들이 『주역周易』 연구하기를 매우 어렵게 여기는데, 이는 사서四書에 익숙하지 못하기 때문입니다. 학문하는 사람들이 사서를 정독精讀하고 숙독熟讀하여 진리가 쌓이고 힘이 오래 되면, 도의 상달처上達處를 알 수 있어 『주역』을 연구하는 것이 어렵게 되지 않을 수 있을 것입니다.

대체로 정독하기만 하고 숙독하지 않으면 도를 알 수 없고, 숙독만 하고 정독하지 않으면 또한 도를 알 수 없습니다. 정독하고 숙독하는 것이 모두 지극해야 골자를 꿰뚫어 볼 수 있습니다. 다만 『대학』은 여러 경전의 강령綱領이니, 모름지기 『대학』을 읽어서 훤히 꿰뚫어 알게 되면 다른 글을 보기가 쉬워질 것입니다.

또한 경敬은 성학聖學의 시작이 되고 끝이 되는 것으로, 초학자로부터 성현聖賢에 이르기까지 모두 경을 주로 하는 것으로 도에 나아가는 방편을 삼습니다. 학문을 하면서 경을 주로 하는 공부가 부족하면 학문하는 것이 거짓이 됩니다. 맹자가 말씀하기를 "학문하는 도는 다른 것이 없다. 놓쳐 버린 마음을 구하는 것뿐이다"[2]라고 하였으니, 이것이 바로 경을 주로 하는 공부입니다. 옛날 여러 성현들의 글이 많지만, 이 한 마디 말이 지극하고 극진합니다. 학문하는 사람들이 이 마음을 능히 거두어들여 오래도록 잃지 않으면 모든 사악한 마음이 저절로 사라지고, 온갖 이치가 저절로 통하게 될 것입니다.

---

1) 송파자 : 어떤 인물인지 자세치 않다.
2) 학문하는 … 뿐이다 : 『맹자』 「고자告子」 상편에 보인다.

이는 내가 함부로 하는 말이 아니고 바로 성현들이 남긴 교훈으로, 내가 매번 학문하는 사람들에게 일러주는 말입니다. 세상의 학자들은 사서가 평범한 데 싫증을 느껴서, 장구章句나 기억하고 외우는 습관으로 구해 읽는 속된 선비들과 다를 바 없이 그 책을 읽고 있습니다. 그들은 견문을 넓히는 글이나 좋아해, 그런 데에만 공력을 기울이려고 합니다. 이것이 이른바 색은행괴索隱行怪[3]니, 이런 사람들은 도체道體를 알지 못할 뿐만이 아니고, 끝내 문호門戶도 엿볼 수 없을 것입니다.

주자朱子는 말씀하기를 "내가 평생 정력을 기울일 것이 모두 『대학』에 있었다"[4]고 하였고, 정자程子는 말씀하기를 "『논어』와 『맹자』를 온전히 공부하고 나면 육경六經은 배우지 않아도 밝아질 수 있다"고 하였습니다. 학문하는 사람들이 글을 널리 보는 공부는 이와 같이 해야 합니다.

• 해설 : 『주역』을 공부하려면 사서四書를 먼저 알아야 하고 공부를 하는 데는 경敬이 가장 중요한 바탕이 되어야 한다는 점을 강조하였다.

◎ 原文

示松坡子

古今學者, 窮易甚難, 此不會熟四書故也. 學者, 須精熟四書, 眞積力久, 則可以知道之上達, 而窮易, 庶不難矣. 蓋精而未熟, 則不可以知道, 熟而未

---

3) 색은행괴索隱行怪 : 『중용』에 나오는 말로, 은미하고 변벽된 이치를 찾고 괴이한 것을 행한다는 뜻이다.
4) 평생 … 있었다 : 『대학장구』「독대학법讀大學法」에 주자朱子가 말하기를 "사마온공司馬溫公이 『통감通鑑』을 짓고 말하기를 '평생의 정력이 모두 이 책에 있었다'고 하였는데, 나도 『대학』에 대해 또한 그러했다"고 하였다.

精, 則亦不可以知道, 精與熟俱至, 然後可以透見骨子了. 但大學, 群經之綱統, 須讀大學, 融會貫通, 則看他書, 便易. 且敬者, 聖學之成始成終者. 自初學, 以至聖賢, 皆以主敬爲進道之方. 學而欠主敬工夫, 則其爲學, 僞矣. 孟子曰, 學之道, 無他, 收其放心而已. 此是主敬工夫. 古者, 群聖賢之書, 雖多, 而於此一言, 至矣, 盡矣. 學者, 苟能收斂此心, 久而不失, 則群邪自息, 而萬理自通矣. 此非我妄言, 乃聖賢之遺訓, 而每於學者, 以是告焉. 世之學者, 其於四書, 厭其尋常, 讀之無異俗儒記誦章句之習, 而求者, 喜於聞見之書, 好着枉功, 此所謂索隱行怪者, 不啻不知道體而已, 終不能覰覰其門戶矣. 朱子曰, "平生精力, 盡在大學". 程子曰, "語孟旣治, 則六經可不治而明矣". 學者博文之工夫, 當如是矣夫.

남명의 산문선

서후 書後

규암圭菴이 선물한 『대학大學』 책갑冊匣 안에 씀(규암圭菴은 송인수宋麟壽[1]의 호號이다)
書圭菴所贈大學册衣下

　나는 애초에 타고난 자질資質이 매우 둔한데다 스승과 벗들의 충고와 훈계가 없어서, 오직 남에게 오만하게 대하는 것으로 고상함을 삼았다. 사람에게만 오만하였을 뿐만 아니라 세상에 대해서도 오만한 마음이 있어서, 부귀富貴와 재리財利를 보면 마치 지푸라기나 진흙처럼 멸시하였다. 사람됨이 가벼워 진실하지 못하고, 호쾌히 휘파람을 불기도 하고 팔을 걷어 부치기도 하였으며, 항상 세상사를 잊고 살 듯한 기상이 있었다. 이 어찌 돈후敦厚·주신周信·박실朴實한 기상이겠는가? 날마다 소인小人이 되는 쪽으로 달려가면서도 스스로 모르고 있었다.

　약관弱冠에 문과文科 한성시漢城試[2]에 합격하고, 다시 사마시司馬試 초시初試에도 합격하였으나 복시覆試에서는 다 낙방하였다. '과거科擧 시

---

1) 송인수(宋麟壽, 1499~1547) : 자는 미수眉叟, 본관은 은진恩津이다. 남명과 교분이 두터웠던 친구로, 을사사화乙巳士禍에 연루되어 파직당하였다가 나중에 사사賜死되었다.
2) 문과文科 한성시漢城試 : 문과의 초시로 한성의 유생들에게 보이는 시험이다.

험이 애초에 장부丈夫가 자신을 세상에 드러내는 방법이 되지 못하는데 하물며 소과小科임에랴!'라고 생각하고는 드디어 사마시司馬試는 포기하고, 동당시東堂試3)에만 나아가 세 차례 일등에 합격하였다. 그 뒤 합격하기도 하고 떨어지기도 하면서 나이 서른을 넘겼다. 또 문장이 과거 문장의 형식에 맞지 않다는 생각을 하여, 다시 평이平易하고 간명하면서도 충실한 책을 구하여 보았다. 그래서 처음으로 『성리대전性理大全』4)을 가져다 읽었다.

하루는 그 책을 보다가 허씨許氏5)가, "나아가 벼슬하면 나라를 위해 크게 하는 일이 있어야 하고, 물러나 은거해 있으면 스스로를 지킬 줄 알아야 한다. 대장부는 마땅히 이와 같이 해야 한다. 나아가 벼슬해도 하는 일이 없고 물러나 은거하면서도 지키는 것이 없다면, 뜻을 두고 배운 것이 무슨 소용이 있겠는가?"6)라고 한 말을 보고서 흠칫 자신을 돌아보니, 부끄럽고 위축되어 정신을 잃을 것 같았다. 배운 것이 형편없어 거의 일생을 그르칠 뻔한 것과, 애초에 인륜人倫이나 일상생활에서의 일들이 모두 본분 속에서 나오는 것인 줄 몰랐던 것에 대하여 깊이 탄식하였다.

드디어 과거 공부에 싫증이 나서 다시 이를 포기하고, 학문에 전념하여 점점 근본적인 곳으로 나아가게 되었다. 이는 꼭 어린 나이에 부모를 잃고 어디로 가야 할지 몰라 하다가, 하루아침에 문득 자애로운 어머니의

---

3) 동당시東堂試 : 문과를 동당시라 하는데, 여기서 장원했다는 것은 초시初試에서 장원한 것을 말한다.
4) 『성리대전性理大全』 : 명明나라 영락제永樂帝 때 성리학에 관한 송나라 원나라 학자들의 저서를 선별하여 수록한 책.
5) 허씨許氏 : 원나라 학자 노재魯齋 허형許衡을 말한다.
6) 나아가 … 있겠는가 : 『성리대전性理大全』에 나오는 글이다. 다른 판본에는 이 앞의 "이윤伊尹의 뜻으로 뜻을 삼고, 안자顏子의 학문을 배워서[志伊尹之志 學顏子之學]"라는 말을 더 인용하였다.

남명의 산문선

얼굴을 뵙고 자기도 모르게 손을 흔들고 발을 구르며 춤을 추는 것 같았다. 나의 벗 원길原吉[7]은 이를 보고 기뻐하여 나에게 『심경心經』을 주었으며, 미수眉叟는 나에게 이 책을 주었다. 이 때를 당해서는 마치 저녁에 죽더라도 유감이 없을 듯하였다.

아아, 사람이 타고난 자질은 만 가지로 달라서, 어떤 사람은 팔구 할 또는 육칠 할을 얻어서 태어나고, 어떤 사람은 삼사 할을 얻어서 태어난다. 팔구 할 또는 육칠 할을 얻어서 태어나 배우지 못한 사람은, 비록 일이 또는 삼사 할 정도의 그릇된 점이 있더라도 오히려 흰 것 가운데의 검은 것이기에 군자가 못 되는 것은 아니다. 삼사 할을 얻어서 태어난 사람은 비록 삼사 할 정도의 착한 점이 있다 하더라도 오히려 검은 것 가운데의 흰 것이므로 마침내 육칠 할 정도의 나쁜 사람이 된다.

나 같은 사람은 겨우 삼사 할을 얻어서 태어난 사람인데다 기질적인 병통이 있어서 남과는 다른 점이 있다. 당시에 뜻을 얻었더라면 자신을 그르쳤을 뿐만 아니라 응당 나라도 그르쳤을 것이니, 비록 나이 들어 뉘우침이 있은들 잘못을 만회할 수 있겠는가? 지금 와서 생각해 보니, 나도 모르게 혀가 내둘러진다. 비록 평범한 사람을 만나더라도 모두 나보다 나은 사람 같으니, 다시 남에게 오만하고자 해도 그럴 수가 없다. 앞의 사고 방식대로 살면 소인小人이 되고, 뒤의 사고방식으로 살면 도道를 들은 사람이 되니, 한 치 되는 기미機微를 옮김에 따라 천 리만큼 어긋나게 되는 것이다. 사실 부귀에 대하여 오만했던 한 가지 마음으로 말미암아 사사로운 욕심을 적게 하는 한 가닥 길을 열게 되었다.

---

7) 원길原吉 : 이준경(李浚慶, 1499~1572)의 자이다. 호는 동고東皐이며, 본관은 광주廣州이다. 선생이 서울에 있을 적에 친하게 지냈던 친구로, 명재상으로 이름났으며, 임종 때 선조宣祖에게 붕당의 조짐이 있음을 예견해 알렸던 인물이기도 하다. 문집 『동고유고東皐遺稿』가 있다.

서후書後

그리하여 착한 일을 하는 것과 악한 일을 하는 것이 모두 반드시 터전
이 있어서 마치 오늘 씨를 뿌리면 내일 돋아나는 것과 같다는 것을 그제
야 알게 되었다. 사람들은 대체로 곤궁함을 걱정하지만, 나에게 있어서는
곤궁함이 바로 통달通達함이 되었다. 여러 번 과거科擧에 낙방하여, 곤궁
함으로 인하여 형통해지기를 구하다가 가야할 길을 찾게 되었고, 그 길을
가다가 본래 모습을 볼 수 있었고, 부형父兄의 기침 소리를 들을 수 있었다.
　굶주리다가 먹을 것을 얻고 근심하다가 즐거움을 얻게 되었으니, 나의
곤궁함을 세상 사람들의 통달함과 바꿀 수 있겠는가? 나는 바꾸지 않으리
라. 다만 다리 힘이 없어서, 용감히 나아가고 힘껏 행하지 못할까 두려울
뿐이다. 자신을 잘 돌이켜 볼 수 있는 방법이 모두 이 책에 있으므로 나의
벗이 이로써 나에게 권면勸勉한 것이니, 남이 착하도록 도와주려는 그의
뜻이 어찌 쇠를 끊을 수 있는 정도8)일 뿐이겠는가? 힘쓰기를 게을리 하
느냐, 부지런히 하느냐는 전적으로 나에게 달려 있으니, 마땅히 단순한 책
으로만 보지 않음이 옳으리라.

가정嘉靖 임진년(1532)에 남명 조식이 쓰다.

• 해설 : 규암圭菴 송린수宋麟壽가 보내준 『대학』을 읽고 느낀 바가 많아 그 책의
　　껍질 안에 쓴 글이다. 남명이 정신적으로 성장하는 자취를 알 수 있는 중
　　요한 글이다.

---

8) 쇠를 … 정도 : 『주역周易』「계사繫辭」에 "두 사람이 마음을 같이하면 그 예리
　　함은 쇠를 끊을 수 있으며, 마음을 같이하는 사람의 말은 그 향기가 난초와
　　같다[二人同心 其利斷金 同心之言 其臭如蘭]"라는 말이 있는데, 여기서는 그만큼
　　서로의 마음을 잘 이해해 주는 친구라는 뜻이다.

남명의 산문선

◎ 原文

書圭菴所贈大學册衣下(圭菴宋璘壽號)

余, 初, 受氣甚薄, 又無師友之規, 唯以傲物爲高, 非但於人, 有所傲, 於世, 亦有所傲, 其見富貴貨利, 蔑如草泥. 儇忽矯擧, 浩嘯攘臂, 常若有遺世之象焉. 斯豈敦厚周信朴實底氣乎? 日趨於小人之域, 而不自知也. 弱冠而中文科漢城試, 幷中司馬試覆試, 春官俱黜於有司, 以爲科目初未足爲丈夫拔身之地, 況此小科乎? 遂輟司馬擧. 只就東堂, 三居一等, 或進, 或黜, 年已三十餘矣. 又慮爲文不中程式, 更求平易簡寬之書, 觀之. 始取性理大全, 讀之. 一日, 閱至許氏之說, 有曰, "出則有爲, 處則有守, 大丈夫當如此, 出無所爲, 處無所守, 所志, 所學, 將何爲? 輒竦然自省, 愧縮自喪, 深嘆所學之無類, 幾枉了一世, 初不知人倫日用事, 皆自本分中來也. 遂厭科擧之學, 亦復廢輟, 專意學問, 漸就本地家鄕入焉. 政如弱喪, 而不知歸, 一朝, 忽見慈母之顔, 不知手足之蹈舞. 友人原吉 見而喜之, 以心經授焉. 眉叟以是書與之. 當此時, 有若夕死而無憾焉者. 噫! 人之受氣, 有萬不同, 或得八九分來, 六七分來, 或得三四分來, 其得八九分六七分而不學者, 雖有一二三四分誤處, 猶爲白中之黑, 不失爲君子. 若三四分來, 雖或有三四分善處, 猶爲黑中之白, 畢竟爲六七分惡人. 若余者, 僅得三四分來, 加以氣質之病, 異於他人. 當日得志, 不啻誤身, 應亦誤國, 雖至末老, 有悔, 能有贖乎? 於今思之, 不覺舌出, 雖遇庸人, 皆若勝己者然, 更欲傲物, 不可得也. 由前則爲小人, 由後則爲聞道之人, 轉移一寸之機, 謬於千里, 實由於傲富貴一念, 有以啓出寡欲一線路來也. 方知爲善爲惡, 皆必有基本. 如今日下種, 明日便生也. 人多以困窮爲憫, 於余, 則困是爲通, 屢屈科第, 因困求亨, 而尋得路, 向這邊去, 見得本地風光, 聞得父

兄聲咳, 飢而食, 憂而樂, 吾窮有可以換做世人之通乎? 吾不換也. 但恐脚力
瘶退, 有不能勇往力行焉已. 善反之具, 都在是書, 吾友, 以是勗之, 與人爲善
之意, 奚啻斷金耶? 若力之緩猛, 則在吾而已. 當不以黃卷視之, 可也. 嘉靖壬
辰, 南冥曹植, 識.

남명의 산문선

이군李君이 선물한 『심경心經』 끝에 씀
題李君所贈心經後

　나의 벗 이군李君 림霖 중망仲望1)은 어질고 공경할 줄 아는 사람이다. 그 사람됨이 내면은 얼음을 담은 옥항아리[氷壺]처럼 깨끗하고 맑으며, 외면은 옥색玉色같이 곱고 부드럽다. 입으로는 일찍이 남을 헐뜯는 말이나 조급한 말을 한 적이 없으며, 마음에는 일찍이 남을 거스르거나 해치려는 싹조차 움튼 적이 없다. 옛 것을 매우 좋아하고 벗을 좋아한다. 그를 바라보면 노여움이 사라지고 분한 마음이 풀어진다. 이로써 그가 충신忠信한 사람임을 알 수 있다.

　이 사람의 이러한 측면은, 어찌 하나하나 극진히 살피어서 함양涵養한 가운데서 흘러나와 그렇게 된 것이 아니겠는가? 대체로 타고난 본성이 그러하였으니, 하늘로부터 타고난 것이 이미 육칠 할인데다 학문學問을 더 하였기 때문인 것이다. 백로의 흰 색깔과 까마귀의 시꺼먼 색깔은, 햇빛에 그을려도 검어지지 않고 비에 씻겨도 희어지지 않는 것이니, 비록 스스로 더럽히고자 한들 어찌 될 수 있는 일이겠는가?

　그가 일찍이 '천하에는 버릴 재목이 없다'고 말한 적이 있는데, 이 마음을 미루어서 나 같이 못난 사람도 버리지 않고 『심경心經』 한 권을 부쳐준 것일 터이니, 남이 착해지도록 도와주려는 그 뜻을 어찌 이루 다 헤아릴 수 있겠는가?

---

1) 이군李君 … 중망仲望 : 군君은 존칭이고, 림霖은 이름이며, 중망仲望은 자이다. 이림(?~1546)의 본관은 함안咸安이며, 1524년 급제하여 1545년에는 병조참의 兵曹參議에 이르렀으나, 을사사화乙巳士禍에 연루되어 의주로 장배杖配되었다가 이듬해 사사되었다.

사람으로서 이 '마음'이 없다면, 비록 자신을 칭송하는 말이 천하에 가득 퍼졌더라도, 원숭이 한 마리가 태어났다 죽은 것과 다름이 없을 것이다. 부모의 상喪을 당하고서도 멍하니 슬퍼할 줄 모른다면, 어찌 이 한 세상을 위하여 통곡하고 눈물을 흘릴 일이 아니겠는가? 비단 상喪을 당하고도 슬퍼할 줄 모를 뿐만 아니라, 도리어 복상服喪하는 사람을 가리켜 이상한 자라고 생각하고, 나아가서는 욕을 보이기도 한다.

이 책은 바로 한낮의 북적대는 시장 속의 평천관平天冠[2]과 같은 것이다. 평천관은 사람들이 사지 않을 뿐만 아니라, 혹 이를 머리 위에 써 보기라도 하면 분수에 넘친 짓을 한다고 처벌을 받는다. 이 때문에 사람들이 이 책을 싫어하여, 평천관 정도로 보는 데서 그치지 않고 자신을 죽이는 도구로까지 보고 있다. 그래서 만고萬古에 마음을 밝힌 일들이 영원히 캄캄한 밤처럼 되고 사람의 윤리가 짐승처럼 되어도, 다만 묵묵히 일생을 보낼 따름이다.

안타깝도다! 중망仲望은 후사後嗣가 없어서, 학문에 독실하고 실행에 지극한 정성을 가지고 있었던 모습을, 갱장羹墻[3]의 사이에서 기록해 줄 사람이 없으며, 나도 아이를 잃어서, 벗끼리 서로 학업을 도와주던 의리를 책 속에다 남길 수 없으니! 이 책은 다른 날 못된 애들에 의해 창이나 벽에 발라지고 말 것이니, 이 두 가지 점이 다 탄식할 만한 일이다.

---

2) 평천관平天冠 : 임금이 쓰는 관冠의 한 가지로 면류관冕旒冠의 별칭이다.
3) 갱장羹墻 : 사람을 우러러 사모하는 것. 주로 부모를 사모하는 경우에 많이 쓴다. 요堯 임금이 죽은 뒤에 순舜이 우러러 사모하였는데, 앉으면 담에서 요堯 임금을 보고 식사할 적에는 국 속에서 요 임금을 보았다는 데서 온 말이다. 『후한서後漢書』 「이고전李固傳」에 보인다.

남명의 산문선

• 해설 : 서울에서 벼슬하던 친구 이림李霖이 그 당시 막 유행하기 시작했던 『심경
心經』을 보내주어 남명과 같이 착한 길로 나아가려고 한 정신을 높이 평
가하고 있다.

◎ 原文

題李君所贈心經後

吾友李君霖仲望, 仁悌人也. 其爲內也, 氷壺, 其爲外也, 玉色. 口未嘗有
訕詈疾遽之言, 心未嘗有忤逆忮害之萌. 貪於古, 而悅乎朋, 望之者, 恚消忿
釋, 知其爲忠信人也. 斯人詎能一一致察, 流自涵養中然乎? 盖其天性然也.
所稟於天者, 已得六七分, 加之以學問. 鷺之白, 烏之黔, 日不能黑, 雨不能
浴, 雖欲自汚, 寧可得耶? 嘗以謂天下無棄材, 推是心, 不以余無似, 而棄之,
以心經一篇, 寄之. 與人爲善之義, 庸可量哉? 人無是心, 雖使言滿天下, 不過
爲猩猩生而死矣. 倀倀然遭大喪而不知哀, 寧不爲一世痛哭流涕也哉? 非但
遭喪而不知毀, 反指服喪爲異物, 又從戮辱之. 是書也, 正似白晝大市中平天
冠也. 非但無人買之, 或加諸頭上, 則以僣誅矣. 用是, 人惡此書, 視之爲殺身
之具, 不啻平天冠也. 萬古如長夜, 人倫爲禽獸, 只應默默送了一世而已. 惜
乎! 仲望無嗣, 篤學拳拳之像, 無以記之於羹墻間. 余亦喪兒, 麗澤相益之義,
無以遺之於黃卷中, 是書也, 不過爲他日惡少窓壁塗已, 俱可嘆也.

이원길李原吉[1]이 선물한 『심경心經』 끝에 씀

書李君原吉所贈心經後

　　나의 벗 광릉廣陵[2] 이원길이 이 책을 주면서 스스로, "나는 비록 착하지 못하지만 남이 착하도록 도와주려는 생각은 진실로 얕지 않다. 이 '마음'을 잘 미루어 나가면 비록 나라 일을 저울 눈처럼 분간하는 것도 평범하고 자잘한 일일 것이다"라고 하였다.

　　내가 처음 이 책을 받고는 황송하고 두려워서 마치 산더미를 짊어진 듯하였다. 내가 항상 스스로 경계하여, "언행言行을 신의 있게 하고 삼가하며, 사악邪惡함을 막고 정성精誠을 보존하라. 산처럼 우뚝하고 못처럼 깊으면, 움돋는 봄날처럼 빛나고 빛나리라"[3]라는 말을 벽 위에 써서 걸어 두었으나, 마음은 늘 초楚나라와 월越나라 사이처럼 아득히 멀어져 있는 경우가 많았다.

　　마음은 죽고 육체만 걸어다닌다면 금수禽獸가 아니고 무엇이겠는가? 그렇다면 내가 이군李君을 저버린 것이 아니라 바로 이 책을 저버린 것이며, 이 책을 저버린 것이 아니라 바로 내 마음을 저버린 것이다. 내 마음을 저버리면 마음이 죽은 것이니, 슬프기로는 마음이 죽은 것보다 더 큰 것이 없다.[4] 죽지 않는 약을 구했으면 먹는 것이 급한 일인데, 이 책이 아마 마음을 죽지 않게 하는 약이리라. 반드시 먹어서 그 맛을 알고 좋아해서 그 즐거움을 알아야, 오래 갈 수도 있고 편안할 수도 있으며, 아침저녁으

---

1) 이원길李原吉 : 동고東皐 이준경李浚慶의 자이다.
2) 광릉廣陵 : 동고東皐의 본관이 광릉(廣陵 : 廣州)이다.
3) 언행言行을 … 빛나리라 : 남명의 좌우명座右銘이다.
4) 슬프기로는 … 없다 : 『장자莊子』「전자방田子方」에 나오는 말이다.

남명의 산문선

로 일상생활에서 쓰기를 스스로 마지않을 것이다. 노력하여 게으르지 않
도록 하라. 안자顔子와 같이 되는 길이 바로 여기에 있느니라.

가정嘉靖 신묘년(1531) 10월 일에 하성夏城5) 조건중曹楗仲이 쓰다.

• 해설 : 어릴 적 친구 동고東皐 이준경李浚慶이 보내준 『심경心經』의 뒤에 쓴 글
  이다. 남명은 『심경』을 '마음을 죽지 않게 할 수 있는 약'이라고 보고, 이
  를 실천하는 것을 약을 먹는 것으로 생각하여 사람답게 살 수 있는 길을
  이 책을 통해서 얻어 자기 것으로 만들려고 노력했다. 남명의 마음 공부
  의 결심을 알 수 있는 중요한 글이다.

◎ 原文

書李君原吉所贈心經後

　友人廣陵李原吉, 以是書遺之, 其自言曰, "吾雖不善, 而與人爲善之意,
則誠不淺也". 推是心也, 分國, 錙銖, 庸細事矣. 予初得之, 悚然, 惕然, 如負
丘山. 常自警云, "庸信庸謹, 閑邪存誠. 岳立淵沖, 燁燁春榮." 雖寫揭壁中,
而心常楚越者, 多矣. 心喪而肉行, 非禽獸而何? 然則非負李君, 則負是書, 非
負是書, 卽負吾心. 哀莫大於心死, 求不死之樂, 惟食爲急, 是書者, 其惟不死
之藥乎? 必食而知其味, 好而知其樂, 可久, 可安, 朝夕日用, 而不自已也. 努
力無怠, 希顔在是. 嘉靖辛卯十月日, 夏城曹楗仲, 書.

---

5) 하성夏城 : 하산夏山이라고도 하며 창녕昌寧의 옛 이름으로, 남명의 본관이다.

중훈대부 시강원 보덕 증통정대부 승정원 도승지 조공 묘명
中訓大夫侍講院輔德贈通政大夫承政院都承旨趙公墓銘

아아! 여기가 조선의 시강원 보덕侍講院輔德을 지낸 조공趙公의 묘이다. 연릉계자延陵季子의 묘에 다른 말이 없었으니 성인의 말은 핵심만 드러냈을 뿐이다.[1] 사마광司馬光이 현명했었다는 것은[2] 국사國史에 전해져 오고 사람들의 입에 붙은 말이었으니, 어찌 군더더기 말이 필요하겠는가? 다만 저 연산군燕山君이 우리 훌륭한 사람을 인정해 주지 않은 것이 애통할 뿐이다. 연산군이 죽자 자신도 죽었으니, 연산군 당시에는 소망지蕭望之[3]처럼 보필하였고, 나중에는 오자서伍子胥[4]처럼 억울하게 죽었다. 애달

---

1) 연릉계자 … 뿐이다 : 오吳의 계찰季札을 연릉延陵에 봉했으므로 연릉계자라한다. 그의 무덤에는 다른 말이 없고, 다만 공자가 '嗚呼有吳延陵季子之墓'라고만 기록해 두었다고 한다.

2) 사마광이 … 것은 : 원문의 '아동군실 주졸사마兒童君實 走卒司馬'는 송宋 사마광司馬光의 고사이다. 군실君實은 사마광의 자. 『송사宋史』「사마광전司馬光傳」에 '아동과 주졸이 모두 사마군실을 안다[兒童走卒 皆知司馬君實]'라 하였고, 송宋 소식蘇軾의 「독락원시獨樂園詩」에 '아동이 군실을 외우고, 주졸이 사마를 안다[兒童誦君實 走卒知司馬]'라 하였으니, 사마광이 천하에 현인인 줄을 모르는 사람은 아무도 없다는 뜻이다.

피 울면서 하늘에 울부짖을 일이다. 공의 무덤 앞에 세우는 비석을 아름다운 것으로 하지 않고,5) 평범한 돌을 가져다 쓰는 것은6) 여러 형제들이 나의 조모가 시강원 보덕侍講院輔德의 누이라서 나를 먼 인척으로 여기기 때문이다.7) 그래서 거절하지 못하였다.

공의 휘는 지서之瑞이고, 자는 백부百符이다. 대대로 임천林川8)에 살았으며, 그 시조는 천혁天赫인데 중국의 진사시에 합격하고 고려에서 벼슬하였다. 그 6세손인 문하지후門下祗候 순淳은 석견石堅을 낳았는데 문하시중門下侍中이 되고 가흥백嘉興伯에 봉해졌다. 그 아들 익益은 전중殿中을 지냈으며, 사온시 직장司醞寺直長이 된 민원敏原을 낳았다. 민원의 아들은

---

3) 소망지 : 한나라 때의 사람으로 선제宣帝 때에 태자태부太子太傅가 되었는데, 선제가 위독해지자 유조遺詔를 받들어 어린 임금을 보좌하였다. 임금을 잘 이끌어 많은 일을 바로잡았던 것으로 유명하다. 여기에서는 조공趙公이 시강원 보덕侍講院輔德이 되어 연산군의 세자 시절에 잘 보필하였던 것을 말한다.
4) 오자서 : 춘추시대 초楚나라 사람으로 이름은 원員이다. 아버지와 형이 초나라 평왕平王에게 죽어 오吳나라로 망명하였다. 오왕吳王 합려闔廬를 도와 초를 정벌하여 원수를 갚고, 합려가 죽자 그 아들 부차夫差와 함께 월越을 정벌하였다. 월왕越王 구천句踐이 화의和議를 청해 옴에 부차가 허락하자, 오자서는 화의를 받아들이지 말라고 여러 차례 간하였는데, 월의 뇌물을 받은 태재太宰 백비伯嚭가 참소하여 부차가 오자서에게 칼을 주어 자결토록 하였다. 여기에서는 조공이 연산군 때 참수당한 것을 말한다.
5) 공의 … 않고 : 원문의 '여와석女媧石'은 귀미산歸美山 위의 돌의 이름이다. 귀미산의 돌은 붉고 빛나며 아름답다고 한다.
6) 평범한 … 것은 : 여기에서 평범한 돌이란 작자 자신이 쓴 비문을 비유해서 한 말로 보인다.
7) 나를 … 때문이다 : 원문은 '위여위곽자의묘중지인야謂余爲郭子儀墓中之人也' 인데, 곽자의는 자손이 매우 많았으니, 여기서는 남명이 조지서의 먼 인척이라는 의미로 쓴 것 인듯하다.
8) 임천 : 충청남도에 있던 부府의 이름으로, 지금의 부여군 임천면이다.

남명의 산문선

찬瓚이라고 하는데 진사시에 합격하고 문과에 급제하여 사헌부 감찰司憲府監察이 되었으며, 집의執義에 추증되었다. 이 분이 공의 선친으로 생원 정삼鄭參의 딸에게 장가들어 공을 낳았다.

공은 성화成化 갑오년(성종 5, 1474)의 생원시에 일등으로, 진사시에 이등으로 합격하고, 문과文科에 병과丙科로 합격하여 승문원정자承文院 正字에 임명되었다. 기해년(성종 10, 1479)에 다시 중시重試에 일등으로 급제하여 형조정랑刑曹 正郎을 제수 받고 홍문관弘文館의 교리校理와 응교應敎를 역임하였으며, 시강원侍講院의 필선弼善과 보덕輔德으로 연산군의 스승이 되었다. 연산이 즉위하자 감당할 수 없을 것임을 알고 창원부사昌原 府使9)자리를 청하였다. 물러나서 은거한 지 십여 년이 되었는데도 화를 면하지 못하고 갑자사화甲子士禍 때 몸은 저잣거리에 내 걸리고 집은 연못이 되고, 시체는 강물에 던져졌다. 병인년(중종 1, 1506) 중종반정中宗反正 뒤에 통정대부通政大夫 승정원도승지承政院 都承旨에 추증되었다.

후취 부인10) 정씨鄭氏는 생원 윤관允寬의 딸인데, 윤관은 바로 문충공文忠公 정몽주鄭夢周의 증손자이다. 갑자사화 때 부인이 적몰籍沒되어 성단城旦11)이 되었다가 초야에 떠돌았다. 아들 침琛은 포대기에 있었고, 리理는 뱃속에 있었는데, 손수 나무열매를 주워 오지사발에 삶아서 아침저녁으로 제전祭奠을 받들었다. 중종조中宗祖에 정려문旌閭門을 세워 포상하였다.

맏아들 정理은 금옥禁獄에서 두 번이나 고문을 당해 거의 죽을 뻔하다

---

9) 창원부사 : 창원은 경상남도 의창義昌과 회원會原 두 현縣의 합명合名인데, 조선 태종太宗 때 두 현을 합하여 창원으로 고치고 부로 승격시켰다.

10) 후취 부인 : 여기에는 조지서의 전취부인에 대한 언급이 없으나, 족보에 의하면 초취부인은 사정司正 오보민吳保民의 딸 해주오씨海州吳氏로, 슬하에 1남 2녀가 있는 것으로 되어 있다.

11) 성단 : 형벌의 한가지로 성 쌓는 일에 복역하게 하는 형이다.

가 살아나 남해南海로 귀양갔다. 중종조에 신원伸寃되어 군자감참봉軍資監參奉에 제수되고 일 년 동안 벼슬살이하고 집으로 돌아왔다. 정리은 아들 득황得璜·득당得璫·득유得瑜가 있었는데, 두 아들은 일찍이 세상을 떠서 후사後嗣가 없고, 득유는 사위 조원우曺元佑가 있다. 조원우는 아들 경윤慶潤·경홍慶洪·경찬慶贊을 두었다. 참봉12)은 서자庶子 득련得璉이 있어서 제사를 받든다.

침琛은 생원시에 합격하였으며, 아들 광수光璲·광현光玹·광옥光玉을 두었다. 사위 두 사람은 문인門人 정희봉鄭希鳳과 만호萬戶 양숙梁淑이다.

리理는 내금위內禁衛가 되었고, 아들 광후光珝를 두었다. 사위는 사인士人 남태형南泰亨인데, 태형은 아들 엽曄을 두었다.

승지13)의 아들들은 모두 일찍 죽고, 오직 서자 손孫이란 사람만 아직 살아 있다. 손의 아들은 광해光海·광부光富이다.

자산子産14)이 죽자 공자孔子가 눈물을 흘리며 말하기를 "옛날의 곧은 기풍氣風을 간직한 사람이다"라고 하였는데, 나는 거기에 이어서 말하기를 "보덕 역시 옛날의 곧은 기풍을 간직한 사람이다"라고 한다. 명銘은 다음과 같다.

<table>
<tr><td>진산晉山15) 땅 동곡桐谷으로,</td><td>晉之山兮桐之谷,</td></tr>
<tr><td>반장反葬한 뒤16) 의심이 풀렸네.17)</td><td>狐首丘兮龜毁匵.</td></tr>
</table>

---

12) 참봉 : 여기에서는 정리을 가리킨다.
13) 승지 : 조지서趙之瑞를 가리킨다.
14) 자산 : 춘추시대 정鄭나라 대부 공손교公孫僑의 자字이다. 『논어』에서 정자산 鄭子産으로 불리는 인물인데, 공자도 그의 정치적 능력을 인정하였다.
15) 진산 : 지금의 경상남도 진주晉州를 가리킨다.
16) 반장한 뒤 : 조지서가 참수 당한 뒤, 고향에 돌아가 장례를 치르게 된 것을 가리킨다.

남명의 산문선

몸은 백 번 부서져도 인상여藺相如의 옥이요,18)　身百碎兮藺之玉,
집안의 두 절개는 소상강瀟湘江의 대나무라.19)　　家雙節兮湘之竹.
양공羊公의 한 비석처럼 눈물 흘릴 만하거니와,20)　羊公一石淚可目也,
비간比干의 일곱 구멍 같아 차마 입에 올릴 수 없네.21)　比干七竅口不可讀.

• 해설 : 연산군燕山君의 스승이었다가 연산군이 공부를 게을리하는 것을 엄하게
　　　　문책했다가 나중에 죽임을 당한 지족당知足堂 조지서趙之瑞의 강직한 생
　　　　애와 그 부인의 정절을 부각시킨 글이다. 지족당은 남명 할머니의 오라버
　　　　니이다.

---

17) 의심이 풀렸네 : 원문의 '귀훼독龜毀櫝'은 『서경』「금등金縢」편에 나오는 고사
　　로, 의심을 풀게 된다는 말이다. 여기서는 조지서가 죽은 뒤 신원伸寃된 것을
　　가리킨 것이다.
18) 몸은 … 옥이요 : 인상여藺相如는 전국시대 조趙나라 사람으로, 조나라의 화씨
　　지벽和氏之璧을 가지고 진秦나라에 갔다가, 다시 무사히 가지고 돌아온 인물
　　이다. 이로부터 '완벽完璧'이라는 고사가 유래되었다. 여기서는 자신의 임금을
　　위해 목숨 바쳐 충성함을 비유하고 있다.
19) 집안의 … 대나무라 : 순舜임금의 두 부인 아황娥皇과 여영女英이 순임금을
　　사모해서 소상강瀟湘江 가에 왔다가, 순이 죽었다는 말을 듣고 슬피 울어 눈
　　물을 뿌렸더니, 그 피눈물이 대나무에 묻어 대나무가 모두 반죽斑竹이 되었
　　고, 두 부인은 물에 빠져 죽어 상강湘江의 신神이 되었다고 한다. 여기서는
　　조지서 부인의 절개를 비유한 것이다.
20) 양공의 … 만하거니와 : 양공은 진晉의 양호羊祜를 가리킨다. 양호는 형주 도
　　독荊州都督이 되어 선정을 펼쳐서 민심을 얻었다. 그가 현산峴山에 자주 올랐
　　는데, 그가 죽자 사람들이 그곳에 비석을 세웠다. 그 비석을 보는 사람은 그
　　덕을 사모해 눈물을 흘리지 않는 이가 없었는데, 두예杜預가 그 비석을 타루
　　비墮淚碑라 불렀다.
21) 비간의 … 없네 : 비간은 은殷의 주왕紂王의 숙부이다. 주의 음란을 간하고
　　3일 동안 떠나지 않자, 주가 노해서 "내가 들으니 성인의 염통은 구멍이 일곱
　　개라 하더라"하고, 드디어 비간을 죽여 그 염통을 꺼내 보았다. 여기서는 조
　　지서가 사화士禍에 죽음을 당한 것을 말한다.

◎ 原文

中訓大夫侍講院輔德贈通政大夫承政院都承旨趙公墓銘

嗚呼! 有明朝鮮侍講院輔德趙公之墓也. 延陵季子之墓, 無他羸, 聖人之辭, 幹矣. 兒童君實, 走卒司馬, 國乘有傳, 人口有銘, 庸詎贅焉. 獨痛夫彼燕山兮, 不與我好, 君亡身死, 爲當日蕭望之, 爲異時伍子胥. 呱呱之慟, 叫叫蒼蒼者矣. 佟公之石, 不於女媧之家而徵燕石, 諸從, 以余王母爲輔德之姊也. 謂余爲郭子儀墓中之人也, 辭不獲焉. 公諱之瑞, 字百符, 世居林川. 其始也, 天赫, 中中朝進士, 仕高麗. 六世孫, 門下祗候淳. 生石堅, 爲門下侍中, 封嘉興伯. 子益爲殿中, 生司醞寺直長敏原. 敏原有子曰諱瓚, 中進士及第, 爲司憲府監察, 贈執義, 寔公之皇考. 娶生員鄭參女, 生公. 公, 於成化甲午年, 中生員第一, 進士第二, 文科丙科, 調授承文院正字, 己亥年, 中重試第一, 授刑曹正郎, 歷弘文館校理, 應敎, 侍講院弼善, 輔德, 爲燕山師. 及卽位, 知不克負荷, 乞昌原府, 退而家食, 十餘年, 猶不得免, 甲子歲, 市于身, 沼其家, 投屍于江. 丙寅改玉, 贈通政大夫承政院都承旨. 繼室鄭氏, 生員允寬之女, 允寬, 乃文忠公夢周之曾孫, 甲子之亂, 夫人沒爲城旦, 流離草野. 子琛在襁褓, 理在腹. 手拾木實, 烹爨瓦甌, 朝夕奉奠. 中廟朝褒旌門閭. 長子珵再栲禁獄, 百死一生, 謫南海, 中廟舒冤, 拜軍資監參奉, 仕一年, 歸第. 有子曰得璜, 得璫, 得瑜. 二子, 早世, 無嗣. 得瑜, 有女婿曹元佑, 元佑有子景胤, 景弘, 景贊. 參奉獨有庶子得璉, 丞祀. 琛中生員, 有子光璲, 光玹, 光玉. 女婿二人, 門人鄭希鳳, 萬戶梁淑. 理爲內禁衛, 有子曰光珝, 婿曰士人南泰亨, 泰亨有子曰曄. 丞旨諸孤, 皆早世, 唯有庶子名曰孫者, 尚存. 孫之子曰光海, 光富. 子產之沒, 仲尼出涕曰, "古之遺直也". 植繼之曰, "輔德, 亦古之遺直也". 銘曰,

남명의 산문선

晉之山兮, 桐之谷.
狐首丘兮, 龜毀匵.
身百碎兮, 藺之玉.
家雙節兮, 湘之竹.
羊公一石, 淚可目也.
比干七竅, 口不可讀.

선고 통훈대부 승문원 판교 묘갈명

先考通訓大夫承文院判校墓碣銘

아아! 여기가 나의 돌아가신 아버지의 묘이다. 삼대三代가 같은 산에 있는데 고조부와 증조부에 대해서는 비갈碑碣에 따로 기록되어 있다.

부군府君의 휘諱는 언형彦亨이고, 자字는 형지亨之이다. 타고난 성품이 순후醇厚하고 방정方正하며, 일에 임해서는 공손하고 청렴하였다. 홍치弘治 갑자년(연산군 10, 1504)에 정시廷試에서 장원하여 승문원承文院 정자正字에 제수되고부터, 가정嘉靖 병술년(중종 21, 1526)에 판교判校에 이르기까지 23년 동안 벼슬하였다. 그 가운데 외직外職에 임명된 것이 두 번으로, 의흥 현감義興縣監과 단천 군수端川郡守를 지냈다. 이조吏曹에서 근무한 것이 두 번인데, 좌랑佐郎과 정랑正郎이었다. 사헌부司憲府와 사간원司諫院의 관리가 된 것이 세 번인데, 정언正言·지평持平·집의執義였다. 성균관成均館에서 스승이 되었던 것이 여섯 번인데, 전적典籍이 세 번, 사예司藝가 한 번, 사성司成이 된 것이 두 번이다. 그리고 종부시정宗簿寺正이 된 것이 한 번이고, 춘추관春秋館에서 일한 것이 한 번이었으며, 춘추관의 일을 겸하여 본 것이 세 번이었다. 이것이 부군이 종사從仕한 대략이다.

임금을 섬기고 백성을 다스린 경우, 기술記述할 만한 덕이 있으면 사관史官이 기록을 하고, 백성들이 한결같이 말을 하여 전해 온다. 그러니 과장하고 둘러댈 바에는 뇌誄[1]를 짓지 않는 것이 마땅하다. 가령 말할 만한 덕이 없다면, 아첨하는 말이 되어서 나의 아버지를 속이는 것이고, 남을 속이는 행동이 되어 나의 아버지를 부끄럽게 만드는 것이다. 아버지를 속

---

1) 뇌誄 : 죽은 이의 행적을 적은 글.

남명의 산문선

이거나 아버지를 부끄럽게 하는 것은 나 또한 차마 하지 못할 일이다.

벼슬살이를 이십 년 동안 하였지만 돌아가셨을 때, 가난하여 예禮를 갖출 수가 없었고, 집에서는 먹고 살 길이 없었으니, 자손들에게 남겨 준 것은 '분수에 만족하라'는 말씀뿐이었다. 연이어 두 임금을 섬기면서 특히 수고하고 힘썼지만 품계品階는 삼품三品에 지나지 않았으니, 그가 세상에 구차하게 아첨하여 영화를 취하지 않았음을 알 수 있다. 비록 높은 반열班列에 오르지는 못했지만 조정의 고관高官들이 공에게 의지해서 하루라도 공이 없으면 안 될 정도였으니, 한 시대에 나라 사람들에게 어떤 대우를 받았는지도 알 수 있다.

아! 나의 경우에는 아버지를 속이는 일을 거의 면할 수 있게 되고, 아버지의 경우에는 덕에 비추어 거의 부끄럽지 않을 것이다. 그런데 하늘은 어찌하여 훌륭한 덕을 지닌 사람을 세상에 내어놓고는, 그 수명壽命에는 인색하게 하여 고작 오십 팔 세에 그치게 하였는가? 그러니 내가 하늘을 향해 부르짖고 애통해 하는 것은, 어찌 하늘 때문이 아니겠는가? 액운을 만나 제주목사濟州牧使로 임명되자마자 병이 심해져 부임하지 못하였는데, 마침내는 병을 핑계로 어려운 일을 회피하였다는 죄에 걸려 관작을 모두 삭탈 당하였다. 장례를 지내고 난 다음 달에 임금에게 원통함을 호소하자, 판교 이하의 관작을 회복한다는 명이 내려졌다. 아, 이것이 어찌 밝은 세상의 일이겠는가!

부인은 이씨李氏인데, 조부는 현령縣令을 지낸 추恤이고,2) 외구外舅는 좌의정左議政을 지낸 최윤덕崔潤德이다.3) 아들 일곱을 두었는데 모두 일

---

2) 조부는 … 추이고 : 원문에 '왕부王父'로 되어 있으나, 인천 이씨仁川李氏 족보에 의하면 부인 이씨의 조부는 이극성李克誠이고, 이추는 증조부이다. '왕부' 앞에 '증曾'자가 빠진 듯하다.
3) 외구는 … 최윤덕이다 : 원문에 '외구外舅'로 되어 있는데, 외구는 흔히 장인을

비문碑文

찍 죽고, 나와 막내 환桓만이 다행히 죽지 않았다. 딸이 넷인데 사위는 정운鄭雲·이공량李公亮·정백빙鄭白氷·정사현鄭師賢이다.

여기에 장사하고 나서 나는 선고의 행적을 없어지게 할 수 없어, 표表를 세워 명銘을 새긴다. 명은 다음과 같다.

<table>
<tr><td>나의 선조는 창산昌山4) 사람인데,</td><td>我祖昌山,</td></tr>
<tr><td>구세九世에 걸쳐 평장사平章事를 지냈다.</td><td>九世平章.</td></tr>
<tr><td>선고께서 그 일을 거듭하시어,</td><td>皇考申之,</td></tr>
<tr><td>그 바탕을 연마하셨다.</td><td>有琢其相.</td></tr>
<tr><td>큰 뜻 품었으나 하찮은 직책 맡았으니,</td><td>懷弘受粗,</td></tr>
<tr><td>진실로 그 운명은 덧없었다.</td><td>寔命靡常.</td></tr>
<tr><td>착한 이 복 받는다 사람들은 말하지만,</td><td>人曰福善,</td></tr>
<tr><td>내 무엇으로 그것을 증명할까?</td><td>曷予其徵.</td></tr>
<tr><td>외로운 자식 죽지 않아,</td><td>孤鮮不死,</td></tr>
<tr><td>철 따라 제사를 올릴 뿐이네.</td><td>唯以嘗蒸.</td></tr>
</table>

가정嘉靖 7년 무자(중종 23, 1528) 시월 모일에 아들 식植이 짓다.

일컫는 말로 쓰이지만, 외숙을 가리키는 말이라는 설도 있다. 그런데 최윤덕은 실제로 이씨의 외증조부이다. 최윤덕(崔潤德, 1376~1445)은 조선 초기의 무신으로 본관은 통천通川, 자는 여화汝和·백수伯修, 호는 임곡霖谷이며, 지중추부사知中樞府事 운해雲海의 아들이다. 음관蔭官으로 기용되어 아버지를 따라 여러 번 전공을 세우고, 후에 좌·우의정과 영중추원사領中樞院事를 역임하였다.
4) 창산 : 경상남도 창녕昌寧의 옛 이름이다.

남명의 산문선

• 해설 : 남명 아버지의 강직한 일생을 서술한 글이다. 그러나 남명은 자기 아버지의 일생을 가장 바르고 자세하게 그려낼 사람은 자신이라 생각하고 스스로 묘갈명을 지었다. 장황하게 자기 아버지를 미화하지 않고 단 448자의 짧은 문장으로 아버지의 일생을 요약하였다. 읽는 사람은 누구든지 이 글을 믿게끔 남명의 글은 확고한 신념과 긍지로 가득 차 있다.
남명이 지은 부친의 묘갈명은 기묘사화를 일으켰지만 문장을 잘 알아보기로 이름난 남곤南袞이 나중에 읽어 보고 놀라 탄복하기를, "문장은 고문古文의 법도에 맞고 의리인즉 정자程子 집안의 조상들 전기傳記 쓰는 방식이다. 원망하는 듯하면서도 어지럽지 않으니 세상에 흔하지 않은 문장이로다"라고 했다.

◎ 原文

通訓大夫承文院判校曹公墓碣銘(先大夫名彦亨)

嗚呼! 此, 我考之墓矣. 三世同崗, 高曾祖父, 於碣存焉. 府君, 諱彦亨, 字亨之. 率性醇方, 莅事恭淸. 自弘治甲子, 至嘉靖丙戌, 始由廷試壯元, 授承文院正字, 至判校. 歷二十有三年, 而補外邑者, 二, 曰義興縣, 端川郡也. 助天官者, 二, 佐郎也, 正郎也. 作臺官者, 三, 正言也, 持平也, 執義也. 師成均者, 六, 爲典籍者, 三, 而爲司藝, 司成者, 再. 正宗薄者, 一, 館春秋者, 一, 而兼春秋者, 三焉. 此其從政之大略也. 事君臨民之際, 有德可述, 則太史有紀, 齊民有言, 張憑宜不作誄, 使無德可言, 則謏言也. 欺吾父也, 誣行也, 愧吾父也. 欺且使愧, 孤亦不忍. 祿仕二十年, 死無以爲禮, 家無以爲食, 則所遺子孫者, 安而已. 歷事兩君, 賢勞獨勤, 而位不過三品, 則其不苟阿世取榮者, 可知矣. 雖不見大列, 而朝右倚顧, 不敢無公於一日, 則其爲國重輕於一時者, 亦可知矣. 吁! 若孤, 殆免夫欺矣. 若考, 庶不愧於德矣. 天胡不秘懿德, 而獨嗇

其壽. 而只於五十八而止, 則我呼天之慟, 詎不在天乎? 運與厄會, 方有濟牧
之命, 而疾已病, 不克就位, 遂構以辭疾避難, 盡削其官. 既斂之逾月, 訴冤于
上, 命復判校以下. 嗚呼! 此豈明世事乎? 夫人, 卽李氏, 王父曰縣令怑, 外舅
曰議政崔潤德也. 有男七人, 皆早世, 唯孤與季桓, 幸不死. 有女四人, 鄭雲,
李公亮, 鄭白氷, 鄭師賢, 卽甥也. 既葬于是, 則孤不敢泯, 表以銘焉. 銘曰,

我祖昌山, 九世平章.
皇考申之, 有琢其相.
懷弘受粗, 寔命靡常.
人曰福善, 曷予其徵.
孤鮮不死, 唯以嘗蒸.
嘉靖七年戊子十月日, 子植, 撰.

선무랑 호조 좌랑 김공 묘갈　宣務郞戶曹佐郞金公墓碣

공의 휘는 대유大有이고 자는 천우天祐이다. 본관은 금관金官1)이니 가락국駕洛國 수로왕首露王의 후손이다. 스스로 호를 삼족三足이라 했고 향년은 칠십사 세였다. 친구인 남명南冥 조식曺植이 다음과 같이 기록한다.

공 같은 사람은 세상을 뒤덮을 만한 영웅이었다. 운문산雲門山 골짜기를 지키던 믿음직한 사람이 지금은 세상을 떠나고 없으니, 아, 애석하구나!

선대부先大夫 제학공提學公이 사도시정司䆃寺正 고태익高台翼의 딸에게 장가들어 공을 낳았는데, 선대부의 휘는 준손駿孫이다. 조부 집의공執義公은 휘가 맹孟이며 증조부는 휘가 극일克一2)인데 절효선생節孝先生이 바로 그분이다. 숙부는 휘를 일손馹孫3)이라 하는데, 곧 탁영선생濯纓先生이다.

연산군 때 정치가 혼란하여 탁영이 사형을 당하였다. 가문에 화가 겹쳐 일어나 공과 제학공提學公이 모두 호남으로 귀양살이를 갔다가 병인년(중종 1, 1506) 반정反正이 일어난 뒤에 사면赦免을 받아 예전처럼 되었다.

---

1) 금관 : 경상남도 김해金海의 옛 이름이다.

2) 극일 : 김극일은 조선 초기 사람으로 효행으로 이름이 났다. 자는 용협用協, 호는 모암慕菴이다. 의흥현감義興縣監 진溍의 아들이며, 부인은 한성부윤漢城府尹 이간李暕의 딸이다. 사시私諡는 절효節孝이다.

3) 일손 : 김일손(金馹孫, 1464~1498)의 자는 계운季雲, 호는 탁영濯纓이며, 김종직金宗直의 문인으로 이조정랑吏曹正郞을 지냈다. 춘추관春秋官의 사관으로 있으면서 전라도 관찰사 이극돈李克敦의 비행을 직필하고, 그 뒤 헌납獻納 때 이극돈과 성준成俊이 새로 붕당의 분쟁을 일으킨다고 상소하여 이극돈의 원한을 샀다. 1498년 성종실록成宗實錄 편찬 때 김종직의 「조의제문弔義帝文」을 사초史草에 실은 것이 이극돈을 통해 연산군에게 알려져 사형 당하고, 이를 계기로 무오사화가 일어났다. 중종반정中宗反正 이후 신원되고 도승지에 추증되었다.

이듬해 정묘년(중종 2, 1507)에 공이 정시庭試에 장원하여 곧장 진사과進
士科에 나아갔으나, 고향으로 영원히 돌아가 선영의 묘를 보살폈다. 그때
임금은 행실이 올바른 사람을 한창 구하고 있었는데, 그 고을 사람들이
공을 첫째로 추천하여 전생서 직장典牲署直長에 임명되었다. 이 해에 드디
어 문과에 급제하여 성균관전적成均館 典籍에 제수되었다가, 호조좌랑 겸
춘추관기사관戶曹佐郎兼春秋館記事官으로 옮겼다. 다시 정언正言으로 옮기
게 되었는데 사양하고 취임하지 않았다. 춘추관의 직책은 겸하면서 칠
원4)현감漆原縣監에 제수 되었을 때는 부임한 지 석 달만에 교화敎化가 행
해져서 고을 사람들이 신명神明처럼 여겼다. 이내 사양하고 돌아와 벼슬
길에 나아가지 않았다.

당시에 소인배들이 마음대로 권세를 부리고 있었는데, 공을 거짓 학
자라고 지목하여 관작官爵과 과거 급제한 경력을 모두 몰수하였다. 기사
년(중종 4, 1509)에 다시 홍패紅牌가 주어졌으나 얼마 안 되어 도로 거두어
갔다. 마침내 병으로 운문산雲門山5) 우연牛淵의 삼족당三足堂에서 일생을
마치니, 이 해가 임자년(명종 7, 1552)이다. 삼족당 북쪽 금곡金谷에 장사하
였다.

공은 현감 이량李樑의 딸에게 장가들었는데 자녀가 없다. 공이 세상을
떠난 4년 뒤 을묘년(명종 10, 1555)에 부인이 뒤이어 돌아가시어 공의 묘 왼
쪽에 합장하였다. 부인은 본디 지혜롭지는 못했으나, 어린 종이 엄한 주인
섬기듯 첩들이 잘 모셨고, 노복들을 잘 대우해 모두 그들의 환심을 샀다.
안팎으로 화목하여 고을을 잘 다스리게 된 것은 실로 가정에서 본보기를
보인 데에서 비롯되었다. 첩의 몸에서 아들 성成과 생生 둘을 두었는데,

---

4) 칠원 : 칠원은 경상남도에 있는데 조선에 들어와서 현감을 두었다. 임진왜란
   후 창원昌原에 편입되었다가 19147년 함안咸安에 편입되었다.
5) 운문산 : 지금의 경상북도 청도군淸道郡에 있는 산이다.

남명의 산문선

모두 집안을 이어갈 만한 재주6)가 있었다. 상을 당하자 너무 슬퍼하고 몸을 돌보지 않아, 생은 대를 잇지 못하였고 성도 쓰러지고 말았으니 슬픈 일이다. 성은 첨사僉使 이세전李世銓의 딸에게 장가들었는데, 아들은 진津이고 딸은 군수郡守 이학서李鶴瑞에게 시집갔다. 생은 찬성贊成7) 이장곤李長坤8)의 딸에게 장가들었는데 아들은 일양一陽이고 딸은 아직 시집가지 않았다.

내가 남을 보증하는 경우가 대체로 드문데, 유독 천하의 훌륭한 선비로 인정해 주는 사람이 공이다. 어떤 때 보면 단아端雅한 모습으로 경사經史를 토론하는 큰 선비이고, 또 다른 때 보면 훤칠한 키에 활쏘기와 말달리기에 능숙한 호걸이다. 홀로 서당에 거처하면서 길게 노래를 부르고 느릿느릿 춤을 추기도 하는데, 집안 사람들은 아무도 그 의중意中을 짐작하는 이가 없었으니, 이는 그가 타고난 본성을 즐겨 노래하고 춤추는 때였던 것이다. 자연에 몸을 맡겨 낚시하고 사냥할 때에는 당시 사람들이 쫓겨난 사람인 줄 알았으나, 이는 세상을 피해 숨어사는 것을 근심하지 않고 재주를 감추고 있는 것이었다. 그러나 덕을 같이 한 내가 보기로는, 국량이 크고 깊어 부지런히 인仁을 행하고, 언론이 격앙하여 엄격히 의義를 지키는

---

6) 집안을 … 재주 : 원문의 '간고幹蠱'는 『주역』 고괘蠱卦에 나오는 말로 '아버지의 잘못을 가린다'는 뜻이다. 의미가 변하여 일을 잘 처리하는 국량이 있음을 말한다.

7) 찬성 : 원문의 이상二相은 좌찬성·우찬성을 가리키는 말인데, 이장곤은 벼슬이 우찬성에 이르렀다.

8) 이장곤(李長坤, 1474~?) : 조선 전기의 문신으로, 본관은 벽진碧珍이다. 자는 희강希剛, 호는 학고鶴皐·금헌琴軒·금재琴齋·우만寓灣 등이며, 김굉필金宏弼의 문하에서 수학하였다. 이조와 병조의 판서를 지냈으며, 기묘사화에 가담하였으나, 조광조趙光祖를 비롯한 신진사류新進士類들의 처형을 반대했다가 관작을 삭탈당하고 은거하였다.

것이었다. 선善을 좋아하였으나 크게 쓰이지 못하여 자기 혼자만 선을 행하였고, 크게 일을 이루려 하였으나 자기만을 이루었을 뿐이니, 천명天命인가 시운時運인가? 청소나 하는 아낙은 화려한 곤룡포衮龍布에 수를 놓지 못하듯이, 용을 이야기하고는 뱀을 그려 놓는 꼴이 되는 것은 내가 글이 서툴러서 그런 것이 아니겠는가?

이에 명銘을 쓰자니 낯을 들지 못하겠다. 명은 다음과 같다.

금곡金谷의 언덕에 묻혔으니,	金谷有原,
운문산雲門山의 골짜기로다.	雲門之壑.
학문 깊은 훌륭한 사람으로,	蘊吾良人,
화산華山을 실을 만하였네.9)	載之以華岳.
이름은 만 길이나 높았건만,	名高萬丈,
무덤 높이는 겨우 네 자라네.	封之嵩四尺.
지키는 이 그 누구던가?	誰其守者,
무덤 앞의 비석 하나로다.10)	襄陽一片石.

• 해설 : 호걸다운 선비 삼족당三足堂 김대유金大有의 파란만장한 일생을 흥미롭게 묘사하였다. 남명은 남을 쉽사리 인정하지 않았는데, 삼족당을 '천하의 선비'로 인정하였다.

---

9) 화산을 … 하였네 : 『중용』의 "화산을 싣고 있어도 무거워하지 않는다[載華嶽而不重]"에서 따온 말로, 사람의 덕이 큰 것을 비유하는 말이다.
10) 무덤 … 하나로다 : 진晉의 양호羊祜가 양양襄陽을 다스릴 때 선정을 펴서 민심을 얻었다. 그가 죽자 백성들이 그가 자주 오르던 현산峴山에 비석을 새웠는데, 그 비를 보는 사람들이 모두 눈물을 흘렸으므로 후에 타루비墮淚碑라 부르게 되었다. 원문의 '양양일편석襄陽一片石'은 곧 비석을 가리킨다.

남명의 산문선

◎ 原文

宣務郎戶曹佐郎金公墓碣

公諱大有, 字天祐, 系出金官, 駕洛國首露王之後也. 自號三足, 卜年七十有四. 友人南冥曹植, 誌之曰, 如公, 可謂盖世之雄也. 當谷雲門, 今也卽亡. 吁! 可惜也. 先大夫提學公, 娶司䆃寺正高台翼女, 生公. 諱駿孫, 王父執義公諱孟, 曾王父曰克一, 節孝先生, 其人也. 叔父曰馹孫, 濯纓先生, 其人也. 燕山政亂, 濯纓就市, 門禍並起, 公與提學公, 俱謫湖南. 丙寅改玉, 恩赦如初. 明年丁卯, 公中庭試壯元, 直赴進士科, 永歸田舍, 以奉兆墓. 時上方求行誼之士, 鄉里推公第一, 拜典牲署直長. 是年, 遂登第, 拜成均典籍, 遷戶曹佐郎, 兼春秋館記事官, 又遷爲正言, 辭不就, 除漆原縣監, 兼春秋. 居三月, 而化行, 邑人視如神明. 因謝歸家食. 時群小用事, 指爲僞學, 盡收其官爵科第. 乙巳年, 復授紅牌. 未幾, 還收之. 遂以疾終于雲門山牛淵之三足堂, 是年壬子, 葬于堂北之金谷. 公娶縣監李樑女, 無子女, 越四年乙卯, 夫人繼逝, 祔于墓左. 夫人素不慧, 群妾侍之, 若婢幼之事嚴主. 遇僕隷, 皆得其懽心. 內外雍穆, 以御于鄉黨者, 實自刑家始也. 傍室子有二人焉, 曰成, 曰生, 俱有幹蠱之材, 柴毀滅性, 生不世, 成仆地, 慼也. 成娶僉使李世銓女, 有子曰津. 女嫁郡守李鶴瑞, 生娶二相李長坤女, 有子曰一陽, 女未婦. 老夫保人, 盖寡, 獨許以天下士者, 公也. 甲視之, 則容容大雅, 討論經史之弘儒也. 乙視之, 則仡仡長身, 射御不違之豪士也. 獨處書堂 長歌慢舞, 而家人莫窺其意者, 樂於所性, 而詠歌舞蹈之時也. 委質林泉, 於釣, 於獵, 而時人猶認爲放者, 無憫於遯世, 而沈冥韜晦之事也. 自我同德者, 觀之, 則辦局宏深, 勿勿乎其仁也. 言論激昂, 偘偘乎其義也. 好善而獨善, 弘濟而自濟, 命耶? 時耶? 箕箒之婦, 未足以

文繡華袞, 談龍畫蛇者, 非吾之拙耶? 銘斯强顏, 銘曰,

金谷有原, 雲門之壑.
蘊吾良人, 載之以華岳.
名高萬丈, 封之嵩四尺.
誰其守者, 襄陽二片石.

남명의 산문선

묻는다.

풍년이 든 해는 황폐한 논밭이 없고 태평한 세상에는 세상을 어지럽히는 악인이 없는 법이다. 그런데 삼묘三苗[1]와 유호씨有扈氏[2]는 태평한 세상이었건만 왕명王命을 거역하였고, 엄윤玁狁[3]과 훈육獯鬻[4]은 비록 현군賢君이 다스리는 세상을 만났으나 반란을 일으켰다. 이것은 한 번은 음陰으로 그 다음에는 양陽으로 운동하는 넓고 큰 변화 속에서 음기陰氣가 일단 생겨나기 시작하면 멈출 수 없기 때문인 것인가?

지금 고명한 덕을 지닌 임금이 보위에 있어 나라를 잘 다스리고 있는데도 섬 오랑캐가 난리를 일으키고 있다. 품어 안아 기르는 은혜를 베풀어 주는데도 그들이 함부로 날뛰면서 일으키는 화란은 비할 바가 없을 정도이다. 아무런 까닭 없이 남의 나라 장수를 죽이고 나쁜 마음을 품고서 우리 임금의 위엄을 모독하고 있다. 제포薺浦[5]를 자신들에게 돌려 달라고

---

1) 삼묘 : 요순시대 중국 남방에 살던 오랑캐로, 이른바 사흉四凶 중의 하나이다.
2) 유호씨 : 옛 나라의 이름으로, 하후계夏后啓에게 멸망당했다. 그 자손들이 나라 이름으로 씨명氏名을 삼아, 이후 호씨扈氏라고 불리게 되었다.
3) 험윤 : 주대周代에 북방에 살았던 오랑캐의 하나.
4) 훈육 : 하대夏代에 북서방北西方에 살았던 오랑캐의 하나로, '훈육熏鬻'이라고도 하는데 후대에는 흉노匈奴라고 불렀다.
5) 제포 : 경상남도 웅천熊川에 있던 포구로 달리 '내이포乃而浦'라고도 불리는

요구하는 것은, 그것이 안 되는 일인 줄을 알면서도 우리 조정의 의사를 낱낱이 시험하려는 것이고, 대장경大藏經을 삼십 부 인출해 가기를 요구하는 것6)은 이를 반드시 얻고자 함이 아니라 우리나라를 한번 우롱해 보자는 것이다. 손뼉을 치고 뺨을 튀기며 지팡이를 어루만지는 동시에 눈을 부라리면서 말하기를 "반드시 네 모가지를 뽑아 버리겠다"고 하면 비록 삼척동자라도 그것이 단순히 위협하는 것인 줄 알게 된다.

그런데 조정에서 당당하게 현명한 재상과 훌륭한 장수가 부지런히 나라 일을 계획하여야 하는데도 도리어 무서워 벌벌 떨면서 어떻게 대처할지 모르고 "상중喪中이어서 정사를 논의하지 못한다"라고 거짓 핑계만 대고 있다. 이런 때를 당하여 유독 적을 제압하는 말이나 적의 공격을 미리 준비하여 막는 계책도 없단 말인가? 비록 그 옛날 한기韓琦가 반적叛賊 조원호趙元昊가 보낸 사신의 목을 도성 문밖에서 베기를 청하던 것7)과 같은 일을 하지는 못하더라도, 어찌 세상을 어지럽히는 도적에게 다시금 예물禮物을 주라는 명을 내리라는 것이 옳을 법한 일이겠는가? 또한 제압하기 어려운 적의 기세 앞에 우물쭈물 움츠리고만 있으니, 진실로 그 옛날 우禹임금처럼 간우干羽의 춤8)만으로는 적과의 싸움에 대비할 수 없다는 것인

데, 이 곳은 조선 초기 세종世宗 때에 동래현東萊縣 관내의 부산포釜山浦와 울산蔚山의 염포鹽浦와 함께 왜인倭人과의 교역이 이루어지는 왜관倭館이 설치되었던 이른바 '삼포三浦'의 하나로 개항되었다.

6) 대장경을 … 요구하는 것 :『조선왕조실록』등의 기사에 따르면 일본이 조선에 불교의『대장경大藏經』을 인출印出해 줄 것을 요구한 일은 1517년과 1536년에 두 차례 있었다.

7) 한기가 … 청하던 것 : 송宋나라의 한기가 장작감승將作監丞이 되었을 때, 조원호趙元昊가 조정에 대해 반란을 일으키고서는 사신을 보내 왔는데, 한기는 그 사신의 목을 베어야 한다는 소장疏章을 올렸다. 이어 한기는 섬서 경략 안무 초토사陜西經略按撫招討使의 직책에 임명되어 조원호의 반란을 진압하였다.

8) 간우의 춤 : 하夏의 우왕禹王이 시작한 무악舞樂의 일종으로, 방패를 쥐고 추

남명의 산문선

가? 지금의 형세를 보더라도 한쪽 변방이 와해된 것은 아니고, 옛날과 견주어 보더라도 송宋나라 두 황제가 금金나라에 끌려가던 때9)와 같은 화란이 아닌데도 무엇이 두려워서 저들 도적으로부터 몰래 건괵巾幗을 받는 치욕10)을 당해야만 하는가? 오늘날 역관譯官이 임금의 명령을 전달하는 것은 옛날 사신이 타국에 가서 왕명을 완수해야 하는 임무와도 같은 것이다. 지금 왜인들이 우리 조정의 의도를 염탐하고자 온갖 재물을 뿌려 금·은·물소뿔·구슬 같은 값진 재물이 가득 쌓이게 되었다. 결국 뇌물을 받은 역관과 관리들이 그 뇌물을 왕지王旨를 전달하는 임금 곁에서 모시는 내시內侍들에게 나누어주니, 바야흐로 임금의 앞에서 조정이 취할 방책을 한창 논의하고 있는데 이미 그 방책이 새어나가 왜인들의 귀에 들어가는 형편이다. 나라 안으로 한낱 남의 심부름이나 하는 역관이나 내시 같은 무리들의 비행도 다스리지 못하면서, 어찌 나라 밖으로 온갖 교활한 짓을 행하는 흉악무도한 왜적의 무리를 제압할 수 있겠는가?

　이런 것에 근거해서 보건대 우리나라에는 인재가 없는 것이다. 그러니 나라를 어지럽히는 도적이 이와 같이 무인지경의 우리나라를 침범한 것도 너무 늦은 일이라 하겠고, 그 결과로 우리나라가 그들의 침략에 곤욕을 치르는 것도 당연하다 하겠다. 그러나 임금이 벌컥 성을 내어서 위엄을 조금 더하려 하면 "괜히 변경의 오랑캐를 자극해서 말썽을 일으킨다"라 하고, 뇌물을 받은 역관 한 놈의 목을 베어서 나라의 기밀을 누설하는 일

　는 춤인 간무干舞와 깃을 쥐고 추는 춤인 우무羽舞로 이루어져 있는데, 우왕이 이 춤을 추게 하여서 남방의 삼묘三苗를 복속시켰다고 한다.
9) 두 황제가 금金나라에 끌려가던 때 : 1126년 금나라의 침략으로 서울 개봉開封이 함락되어, 북송北宋의 황제 휘종徽宗과 그 아들 흠종欽宗이 금나라에 끌려가 온갖 모욕을 당하다가 죽었다.
10) 건괵을 … 치욕 : '건괵'은 여자들이 머리에 쓰고 다니는 수건을 가리키는데, 이것을 남자에게 선물하는 것은 남자다운 기개가 없다는 것을 비웃은 것이다.

*대책(對策) 문제*策問題

을 엄히 단속하려 하면 "겸손한 말로 온순하게 대하는 것이 낫다"라고 한다. 사정이 이와 같으니 과연 적을 제압할 말이 없는 것이고 또한 적의 침략을 막아낼 계책이 없다는 것인가? 나는 이에 대한 여러분들의 계책을 듣고자 한다.

• 해설 : 남명은 처사로서 지리산 속에서 살면서도 국가의 백성들에 대해서 잠시도 잊은 적이 없었다. 그래서 당시 남해안을 출몰하면서 많은 난을 일으킨 왜적을 물리칠 방안을 곰곰이 생각해 봤고, 또 제자들에게도 이 문제를 해결할 대응책을 제출하도록 요구했다. 과거 문제 방식으로 글 제목을 내어 제자들에게 국방의식을 미리 고취시키고, 유사시에 대비할 수 있는 자세를 갖추도록 했다. 일본이 하는 행태로 볼 적에 남명은 임진왜란 같은 대형 침략이 있을 것을 미리 예측하고서 대비하려고 했던 것이다. 임진왜란 때 우리나라가 일본에 망하지 않은 이유 가운데 한 가지가 경남지역 선비들의 의병활동인데, 전국의 의병장 70여 명 가운데서 40여 명이 남명의 제자들이었다. 이 모두가 남명의 실천을 중시한 교육의 결과였다.

◎ 原文

策問題

問, 登歲無荒田, 治世無亂賊, 三苗有扈, 無非不治而逆命, 玁狁獫鬻, 雖遇賢君而爲亂, 抑一陰一陽, 陰之類, 胚胎於大化之中, 不能自已者歟! 方今, 聖明在上, 治具畢張, 而島夷爲亂, 卵育之恩有加, 而跳梁之禍無比. 無故而殺元帥, 懷詐而干主威, 請還薺浦者, 知其不可, 而歷試朝意也. 請要三十印去者, 非欲必得, 而愚弄國家也. 鼓掌彈頰, 撫杖而瞋目曰, "必拔爾之項", 雖三尺童子, 猶知其恐動也. 堂堂大朝, 賢相良將, 旰食籌畫, 而惴惴焉莫知所對, 假以喪, 不議政. 當此時, 獨無折衝之辭, 亦無備禦之策乎? 雖不若韓琦請斬元昊之使於都門之外, 豈宜玉帛之命, 旋加於亂賊耶? 抑有縮縮難制之勢, 固不以干羽之舞, 而備其衝突者歟? 由今觀之, 無一邊瓦解之事, 以古方之, 非二帝金巡之厄, 顧何所畏, 而暗受巾幗之辱乎? 譯官傳命, 古之專對之任也, 倭人欲探國家微意 賂以物貨, 金銀犀珠, 磊落委積. 譯士分其所賂於承傳內侍, 廟籌方劇於龍床, 而漏說已屬於蠻耳. 內不能禁一介竪走, 而外能制百狡兇逆乎? 於是, 國無人矣, 賊入無人之境, 抑已晚矣. 侵凌困辱, 固其宜矣. 然王赫斯怒, 稍加威靈, 則曰, 挑邊生事, 斬一譯史, 以屬機事, 則曰, 莫若卑辭順對, 若是, 則果無以對之之辭, 亦無禦之之策歟? 願聞其畫.

남명 조식 연보 南冥 曺植 年譜

□ 1501년(연산군 7), 1세

음력 6월 26일에 경상도 삼가현三嘉縣 토동(兎洞 : 현 합천군 삼가면 외토리)의 외가에서 태어났다.

자는 건중楗仲, 호는 남명南冥, 또는 산해山海, 본관은 창녕昌寧. 아버지는 승문원承文院 판교判校를 지낸 조언형曺彦亨이고, 어머니는 인천이씨仁川李氏인데 충순위忠順衛 이국李菊의 따님이다. 선생의 증조부 생원 조안습曺安習이 비로소 삼가현三嘉縣 판현板峴에 자리잡아 살았다.

□ 1507년(중종 2), 7세

아버지로부터 글을 배웠다. 아버지가 『시경詩經』・『서경書經』 등을 입으로 가르쳐 주면 바로 외워 잊지 않았다. 독려하지 않아도 부지런히 공부하였고, 의심스럽거나 알기 어려운 곳에 이르러서는 반드시 질문하여 이해한 뒤에 그만두었다.

□ 1509년(중종 4), 9세

선생이 병이 들어 위독하게 되자 어머니가 매우 걱정을 하였다. 선생은 아픈 것을 참고 기운을 내어 어머니에게 "조금 낫습니다. 하늘이 사람을 태어나게 한 것이 어찌 우연이겠습니까? 지금 제가 다행이 장부로 태어났으니 하늘이 저에게 부여한 사명이 반드시 있을 것입니다. 어찌 지금 갑자기 요절할까 걱정할 것이 있겠습니까?"라고 했다.

□ 1518년(중종 13), 18세

아버지를 모시고 단천端川의 임지로부터 서울로 돌아왔다. 선생이 15세 때 쯤에 아버지가 단천군수에 임명되어 임지로 따라가서 살다가 이때 서울 장의동藏義洞으로 돌아와 살았다.

단천에서 생활하는 동안 선생은 다른 선비들과는 달리, 공부의 범위를 유교경전에만

한정하지 않고, 아주 폭넓게 공부하였다. 유교경전과 거기에 따른 후세학자들의 주석서는 물론, 제자백가諸子百家·천문天文·지리地理·의학醫學·수학數學·병법兵法 등을 두루 공부하여 안목을 넓혀 나갔다. 또 아버지를 따라 관아에서 생활하면서, 직접 행정체제의 불합리성, 아전衙前들의 농간, 백성들의 곤궁상 등을 눈으로 보게 되었다.

이 시기부터 남명은 자기자신의 수양방법을 스스로 두 가지 마련했다. 한 가지는 깨끗한 그릇에 물을 가득 담아 꿇어앉아 두 손으로 받쳐들고서 기울어지거나 흔들리지 않은 채로 밤을 새우며 자신의 뜻을 가다듬는 것이었고, 다른 한 가지는 옷 띠에 쇠방울을 차고 다니면서 그 소리를 듣고 정신을 깨우쳐 자신을 성찰하는 것이었다. 서울에서 대곡大谷 성운成運과 같은 깨끗한 선비와 이웃하여 살면서 서로 절차탁마切磋琢磨하며 학문을 닦고 인격을 수양해 나갔다. 이 시기에 동고東皐 이준경李浚慶, 청송聽松 성수침成守琛 등 뒷날 유명한 인물이 된 사람들과 사귀었다.

□ **1519년(중종** 14), **19세**

기묘사화己卯士禍가 일어났다. 산 속의 절간에서 공부하다가 정암靜庵 조광조趙光祖의 부고를 들었다. 이 때 숙부 조언경曺彦卿도 조광조 일파로 몰려 파직되었다. 나라를 바로잡고자 일하던 어진 사람들이, 자신의 경륜을 펴보지도 못한 채 간신배들에게 몰려 목숨을 잃는 것을 보고서 남명은 못내 슬퍼하였다.

□ **1520년(중종** 15), **20세**

진사·생원 초시初試와 문과 초시初試에 모두 급제하였다. 그러나 생원·진사 회시會試에는 응하지 않았다.

□ **1522년(중종** 17), **22세**

남평조씨南平曺氏 충순위忠順衛 조수曺琇의 따님에게 장가들었다.

□ **1525년(중종** 20), **25세**

절간에서 친구들과 함께 공부하다가, 원나라의 학자 노재魯齋 허형許衡의 다음과 같은 말을 『성리대전性理大全』에서 읽게 되었다. "이윤伊尹의 뜻을 뜻으로 삼고, 안자顏子가 배운 바를 배워, 벼슬에 나가서는 경륜을 펴서 업적을 이루고 초야에 있으면서는 지조를 지켜야 한다. 대장부라면 마땅히 이와 같이 해야 한다. 벼슬에 나가서는 아무 하는 일도 없고 초야에 있으면서는 아무런 지조도 지키지 않는다면, 뜻을 세우고 학문을 닦아 장차 무엇 하겠는가?" 허형의 이 말에서 남명은 자신의 학문하고 처신할 방향을 찾아 결심이 섰던 것이었다. 드디어 과거하기 위해서 하는 공부가 그릇되었음을 깨닫고서 마음 속으로 크게 부끄러워하였다. 다음날 날이 새자마자 같이 공부하던 친구들에게 작별인사를 하고는 집으로 돌아왔다.

이 때부터 모든 공명을 위한 형식적이고 지엽적인 학문은 떨쳐 버리고, 유학의 정수를 공부하기에 전념하였다. 육경六經과 사서四書와 송유宋儒들이 남긴 글을 정력을 쏟아 공부하였다.

공자孔子·주렴계周濂溪·정명도程明道·주자朱子의 초상화를 그려 네 폭의 병풍을 만들어 자리 곁에 펴 두고서 아침마다 우르러 절을 올리며, 마치 직접 가르침을 받는 듯이 하였으며, 그 학문을 올바로 배우겠다고 마음 속으로 맹세하였다.

□ 1526년(중종 21), 26세

부친상을 당하였다. 남명은 서울에서 영구靈柩를 모시고 고향으로 가서 장례를 치르고 시묘侍墓살이를 하였다.

□ 1529년(중종 24), 29세

의령宜寧 자굴산闍崛山에 있는 절에서 머물며 글을 읽었다.

□ 1530년(중종 25), 30세

어머니를 모시고 김해金海의 신어산神魚山 아래로 옮겨가 살았다. 따로 정사精舍를 지어 산해정山海亭이라 이름하였다. '높은 산에 올라가 바다를 내려다본다'는 뜻으로 남명의 학문의 방법을 함축한 말이다. 대곡大谷 성운成運·청향당淸香堂 이원李源·송계松溪 신계성申季誠·황강黃江 이희안李希顔 등이 내방하여 학문을 강론하였다.

□ 1531년(중종 26), 31세

동고東皐 이준경李浚慶이 『심경心經』을 보내왔기에, 책 뒤에 「서이원길소증심경후書李原吉所贈心經後」라는 글을 써넣었다.

□ 1532년(중종 27), 32세

규암圭菴 송린수宋麟壽가 『대학大學』을 보내왔기에, 책 뒤에 「서송규암린수대학후書宋圭菴麟壽大學後」라는 글을 써넣었다. 성우成遇가 『동국사략東國史略』을 보내왔기

남명 조식 연보 南冥 曺植 年譜

에, 책 뒤에 발문跋文을 붙였다.

□ 1536년(중종 31), 36세

첫째 아들 차산次山을 낳았다. 가을에 향시에 응시하여 삼등을 하였다. 이 해 서암棲
庵 정지린鄭之麟이 와서 배웠다. 남명이 제자를 가르친 것은 이 때부터 시작되었다.

□ 1538년(중종 33), 38세

회재晦齋 이언적李彦迪과 이림李霖의 천거薦擧로 헌릉獻陵 참봉參奉에 임명되었으
나, 나아가지 않았다.

□ 1543년(중종 38), 43세

경상감사慶尙監司로 와 있던 이언적李彦迪이 편지를 보내 만나자고 했지만, 남명은
사절하였다.

□ 1545년(인종 1), 45세

이 해 을사사화乙巳士禍가 일어났는데, 10월에 친구 이림李霖·곽순郭珣·성우成遇
등 어진이들이 아무런 경륜經綸도 펼쳐보지 못한 채, 간신들에게 죽임을 당했다는
소식을 듣고서 목이 메여 눈물을 흘렸다.
11월에 어머니상을 당하였는데, 12월 영구를 모시고 돌아가 아버지 산소의 동쪽 언
덕에 장사지내고는, 시묘살이를 하였다.

□ 1548년(명종 3), 48세

전생서典牲署 주부主簿에 임명되었으나 나아가지 않았다. 어떤 경륜을 펴 볼 만한
자리가 아니고, 또 조정에서는 간신들이 실권을 잡고 있는데, 남명이 벼슬에 나가서
는 괜히 '숨어 있는 어진 사람을 등용했다'라고 간신들의 명분만 세워줄 것이기 때문
이었다.
김해로부터 삼가현三嘉縣 토동兎洞으로 돌아와 살았다. 계부당鷄伏堂과 뇌룡정雷龍
亭을 지어 강학講學하는 장소와 제자들이 거처할 집으로 삼았다. '계부鷄伏'는 닭이
알을 품어 병아리가 부화한다는 뜻인데, 학문을 통해서 사람을 길러 내는 것을 이처
럼 해야 한단, 것이고, '뇌룡雷龍'은, "尸居而龍見, 淵默而雷聲시동처럼 가만히 있다가
때가 되면 용처럼 나타나고, 깊은 연못처럼 묵묵히 있다가 때가 되면 우레처럼 소리
친다"라는 뜻이다.

남명의 산문선

□ **1551년**(명종 6), **51세**

종부시宗簿寺 주부主簿에 임명되었으나 나가지 아니하였다.

덕계德溪 오건吳健이 와서 배웠다.

□ **1553년**(명종 8), **53세**

벼슬에 나올 것을 권유하는 퇴계退溪의 편지에 답장을 보내어 벼슬하러 나가지 못할
뜻을 밝혔다. 퇴계가 '지금은 벼슬하러 나올 만한 때'라고 권유하였으나, 남명의 시각
에서는 벼슬할 만한 때가 아니라고 보았던 것이다. 남명은 국가·민족을 등지고 자기
자신만을 깨끗이 간직하기 위해서 숨는 것만을 고집하는 은자隱者는 아니었다.

□ **1555년**(명종 10), **55세**

단성현감丹城縣監에 임명되었으나 나가지 않고, 상소하여 국정國政 전반에 대해서
신랄하게 비판하였다. 남명의 상소 가운데는, "대비文定王后는 진실로 생각이 깊다하
나 깊은 궁궐 속의 한 과부에 불과하고, 전하는 어리니 돌아가신 임금님의 어린 자식
일 따름입니다"라는 구절이 있었다. 왕대비王大妃를 모독하였다 하여, 명종明宗이 처
벌하려고 했으나, 산림처사山林處士의 우국연민憂國憐民의 상소를 처벌하는 것은 언
로言路를 막는 부당한 조처라는 조정 신하들의 변호로 무사하였다. 온갖 부조리가
만연하던 당시 정치상황에서 남명의 과감한 직언直言은 산림처사의 비중을 높이는
계기가 되었다.

□ **1557년**(명종 12), **57세**

보은報恩의 속리산俗離山으로 대곡大谷 성운成運을 방문하였다. 거기서 보은현감으
로 있던 동주東洲 성제원成悌元을 만나 명년 팔월 한가위 때 합천陜川 해인사海印寺
에서 만나기로 약속했다.

□ **1558년**(명종 13), **58세**

진주晋州 목사牧使 김홍金泓, 자형 이공량李公亮, 황강黃江 이희안李希顔, 구암龜巖
이정李楨 등과 함께 지리산智異山을 유람하였다.

이 해 8월 15일에, 작년의 약속에 의하여 성제원成悌元과 해인사에서 만났다. 밤 늦
도록 이야기했는데, 그 내용이 모두 국가와 백성들에 관한 이야기였다.

□ **1559년**(중종 14), **59세**

남명 조식 연보 *南冥 曺植 年譜*

조지서造紙署 사지司紙에 임명되었으나 병을 핑계하고 나가지 않았다.

□ 1561년(명종 16), 61세

지리산 아래 덕산德山의 사륜동絲綸洞으로 옮겨 살면서 산천재山天齋를 지었다. '산천山天'은 『주역周易』 대축괘大蓄卦로서, '하늘이 산 속에 있는 형상으로서, 군자가 이를 본받아 강건剛健하고 독실하게 하여 스스로 빛냄으로써 날로 자신의 덕德을 새롭게 한다는 뜻이다.

□ 1563년(명종 18), 63세

남계서원灆溪書院에 가서 일두一蠹 정여창鄭汝昌의 사당祠堂을 참배하고 나서, 여러 학생들이 강강講하는 것을 들었다.

□ 1565년(명종 20), 65세

수우당守愚堂 최영경崔永慶이 서울에서 폐백을 들고 찾아와 가르쳐 주기를 청했다.

□ 1566년(명조 21), 66세

봄에 한강寒岡 정구鄭逑가 찾아와 집지執贄하였다.

7월에 임금의 부르는 전지傳旨가 있었으나 나아가지 않았다. 8월에 상서원尙瑞院 판관判官으로 불렀다. 10월 3일에 대궐에 나아가 숙배肅拜하고 사정전思政殿에서 명종明宗을 만나 이야기를 나누었는데, 같이 무슨 일을 해 볼 만한 임금이 못된다고 판단하고는, 11일에 돌아왔다. 이 때는 문정왕후文定王后가 죽고 권간權奸 윤원형尹元衡도 쫓겨나, 을사사화 등으로 축출되었던 사류士類들이 돌아오게 되어 조정이 좀 맑아졌으므로 남명도 한 번 벼슬에 나가 볼까 하는 생각이 있었기에 임금을 만나러 갔던 것인데, 실망하고 돌아왔다.

□ 1567년(선조 즉위년), 67세

11월에 새로 즉위한 선조宣祖 임금이 교서敎書를 내려 특별히 불렀으나, 상소만 하고 나아가지 않았다. 12월에 또 다시 불렀지만, 사장辭狀만 올리고 나아가지 않았다. 남명은 상소하여, 역대 임금들의 치국治國에 실패한 전례를 지적하고서, "나라를 다스리는 길은 다른 데 있지 않고 임금 자신인 학문과 인격을 닦는 데 있습니다"라고 직간直諫을 하였다.

망우당忘憂堂 곽재우郭再祐가 와서 『논어論語』를 배웠다.

남명의 산문선

□ 1568년(선조 원년), 68세

5월에 선조 임금으로부터 부르는 전지傳旨가 있었지만, 상소하여 사양하였다.
7월에 부인 조씨曺氏가 세상을 떠났다.

□ 1569년(선조 2년), 69세

종친부宗親府 전첨典籤에 임명되었으나 병으로 사양하고 나아가지 않았다.

□ 1570년(선조 3년), 70세

선조 임금이 다시 벼슬에 나오라고 불렀지만, 사양하였다. 남명은 벼슬을 계속 사양
하여 끝내 나아가지 않았는데, 이는 남명에게 내린 벼슬이 무슨 경륜經綸을 펼칠 수
있는 그런 자리가 아니었기 때문이었다.

□ 1571년(선조 4년), 71세

4월에 선조 임금이 경상감사慶尙監司를 통하여 남명에게 음식을 내려보냈다. 남명은
상소하여 사례하였다.
12월 21일부터 병을 얻어 낫지 않고 계속 끌었다.

□ 1572년(선조 5년), 72세

1월에 옥계玉溪 노진盧禛, 동강東岡 김우옹金宇顒, 한강寒岡 정구鄭逑, 각재覺齋 하
항河沆 등이 찾아와 문병을 하였다. 동강이 "혹시 선생께서 세상을 떠나게 되면, 마
땅히 어떤 칭호를 써야 하겠습니까?"라고 물으니, 남명은 "처사處士라고 쓰는 것이
옳겠다"라고 했다.
2월 8일에 몸채에서 숨을 거두었다. 1월에 경상도 감영監營에서 남명에게 병이 있다
고 임금에게 아뢰니, 임금은 특별히 전의典醫를 파견하였지만, 전의가 도착하기 전에
남명은 세상을 떠났다. 숨을 거두는 순간까지도 경의敬義의 중요함을 제자들에게 이
야기했고, 경의에 관계된 옛 사람들의 중요한 말을 외웠다.
부고가 알려지자, 선조 임금은 통정대부通政大夫 사간원司諫院 대사간大司諫을 증직
贈職하였다. 부의賻儀를 내리고, 예관禮官을 보내어 남명의 영전에 치제致祭하였다.
4월에 산천재山天齋 뒷산 임좌壬坐의 언덕에 장사지냈다. 이 때 들어온 문인이나 친
구들이 보내온 만사挽詞와 제문祭文이 수백 편이 되었다.
남명은 사림士林이 권간權奸들에게 여러 차례 죽임을 당하여 도학道學이 거의 사라

남명 조식 연보 南冥 曺植 年譜

지려는 시대에 태어나서 아주 분발하여 정진해서 유학을 진흥시키고 후학後學들을 가르쳐 인도한 큰 공이 있었다. 노년에 이르기까지도 이러한 정신이 조금도 쇠퇴하지 않았다. 비록 초야에 묻혀 지냈지만, 국가와 민족을 잊은 적은 한 번도 없는 학문으로 현실을 구제하려는 생각을 갖고 있었다.

□ 1576년(선조 9)

유림들과 제자들이 덕산서원德山書院을 건립하여 석채례釋菜禮를 행하였다.
유림들이 삼가三嘉에 회산서원晦山書院을 건립하였다.

□ 1578년(선조 11)

유림들이 김해金海에 신산서원新山書院을 건립하였다.

□ 1592년(선조 25)

임진왜란이 발발하자, 남명의 제자인 망우당忘憂堂 곽재우郭再祐, 내암來庵 정인홍鄭仁弘, 송암松庵 김면金沔 등이 의병義兵을 일으켜, 국가·민족을 구출하는 공을 세웠다.

□ 1604년(선조 37)

제자 정인홍鄭仁弘의 주관하에 『남명집南冥集』이 처음으로 간행되었다.

□ 1604년(선조 39)

초간본 『남명집』 목판木版이 소실되어 다시 간행하였다.

□ 1609년(광해군 1)

국가에서 덕천서원德川書院(덕산서원의 바뀐 이름), 용암서원龍巖書院(晦山書院)의 바뀐 이름, 신산서원에 사액賜額하였다.

□ 1615년(광해군 7)

성균관成均館 유생들이 상소하여 증직贈職과 증시贈諡를 요청함으로 인해서, 남명에게 대광보국숭록대부大匡輔國崇祿大夫 의정부議政府 영의정領議政 겸 영경연홍문관예문관춘추관관상감사領經筵弘文館藝文館春秋館觀象監事 세자사世子師를 증직贈職하고, 문정文貞이라는 시호를 내렸다. 시주諡注에, 도덕이 있고 들은 것이 넓으면 '문文'이라고 하고, 곧게 도를 지키면서 꺾이지 않는 것을 '정貞'이라고 한다.

남명의 산문선

□ **1617년**(광해군 9)

생원生員 하인상河仁尙 등 유림儒林이 연명으로 상소하여 남명을 문묘文廟: 성균관에 있는 공자를 모신 사당에 종사從祀할 것을 건의했지만, 받아들여지지 않았다. 이이후로 남명의 문묘종사文廟從祀를 건의하는 상소를, 경상도 유림이 7회, 충청도 유림이 8회, 전라도 유림이 4회, 성균관과 사학四學 유생들이 12회, 개성부開城府 유림이 1회, 홍문관弘文館에서 1회, 양사兩司(司憲府와 司諫院의 합칭)에서 1회 했으나, 끝내 허락을 받지 못했다.

□ **1623년**(인조 원년)

인조반정仁祖反正으로 주로 남명의 제자나 재전제자再傳弟子들로 이루어졌던 대북정권大北政權이 모락함으로 인해서 남명 및 남명학파南冥學派는 몰락의 길을 걷게 되어 남명에 대한 올바른 평가가 되지 못한 채 최근에까지 이르렀다.

저자 약력

1952년 경상남도 함안 출생
성균관대학교 대학원 한문학과 문학박사
경상대학교 중문과·한문과 교수
북경사범대학 고급방문학자
중국화중사범대학 겸직교수
경상대학교 남명학연구소 소장
우리한문학회 회장 역임
한국한문교육학회 부회장

논문 및 저서

「17세기 남인과 서인의 학문적 대립」 외 70여 편
『시화총림』 외 20여 종

남명의 산문선

인   쇄 / 2006년 12월 20일
발   행 / 2006년 12월 30일
저   자 / 허 권 수
발 행 인 / 한 정 희
편   집 / 장 호 희
발 행 처 / 경인문화사
주   소 / 서울특별시 마포구 마포동 324-3
전   화 / 02-718-4831~2
팩   스 / 02-703-9711
이 메 일 / kyunginp@chol.com
홈페이지 / http://www.kyunginp.co.kr
         / 한국학서적.kr
등록번호 / 제10-18호(1973. 11. 8)

값 7,000원
ISBN 89-499-0430-6 04810